읽기, 쓰기, 듣기, 영문법을 한꺼번에!

통문장 영어워크북 1

그리스로마신화 편

글 Elly Kim
녹음 Courtney Sheppard,
Tim Ashton

채운어린이

contents

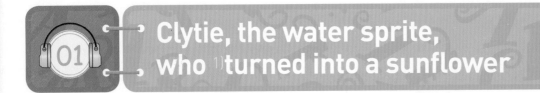

Clytie, the water sprite, who [1] turned into a sunflower

01

Clytie, the water sprite, loved Apollon.

However, he did not even [2] give her a look.

Clytie [3] became lovesick.

She did not sleep. She did not eat.

[4] One day, her legs [5] got stuck on the ground and started to [6] take roots.

Her face turned into a yellow flower.

Clytie watched only Apollon [7] even after she became a yellow flower.

The yellow flower that she turned into is the sunflower.

Key Notes

1) turn into something은 '~으로 변하다'라는 뜻의 숙어입니다. into 대신 to를 쓰기도 하지요.

2) give someone a look은 '누군가를 쳐다보다'라는 뜻입니다. 자세히 보기보다는 슬쩍 한번 본다는 의미가 더 맞겠지요.

3) become lovesick은 누군가를 너무 사랑해서 '상사병에 걸리다'라는 뜻입니다. 고향을 너무 그리워해서 생기는 향수병은 become homesick이라고 하면 되겠지요? 본문에서는 동사 become의 과거형인 became을 써서 과거의 사실을 얘기하고 있다는 것도 알아두세요.

4) 과거의 어느 날이라는 뜻인 one day도 많이 쓰는 표현이지요. 반면, 미래의 어느 날은 some day를 쓴답니다.

5) stick이라는 동사에는 '붙다'라는 의미가 있지요. '~하게 되다, ~해 버리다'라는 의미를 추가하고 싶을 때는 get이라는 동사에 과거분사를 함께 붙여서 쓰곤 하는데, 여기서는 get에다가 stick의 과거분사인 stuck을 함께 써서 '붙어 버리다'라는 의미가 되었지요. 또 과거에 일어난 일이니 get을 다시 한 번 got으로 바꿔 주어 got stuck으로 과거의 문장을 만들었어요.

6) take roots는 '뿌리를 내리다'라는 뜻의 숙어랍니다. 여기서는 take라는 동사를 쓴다는 것을 기억해두세요.

7) '심지어'라는 뜻의 단어 even도 자주 쓰이는 단어랍니다. 여기서는 after 앞에 쓰여서 '심지어 ~한 후에도'라는 뜻이 되었어요.

1) He did not even _____ her _____ _____.

그는 그녀를 거들떠보지도 않았어요.

2) Clytie _____ _____.

클리티에는 상사병에 걸리고 말았어요.

3) One day, her legs _____ _____ on the ground and started to _____ _____.

어느 날, 그녀의 다리가 땅에 붙어 버리고 점점 뿌리를 내리기 시작했어요.

4) Her face _____ _____ a yellow flower.

그녀의 얼굴은 노란 꽃으로 변해 버렸습니다.

5) Clytie watched only Apollon _____ _____ she became a yellow flower.

클리티에는 노란 꽃이 되어서도 오로지 아폴론만 지켜보았어요.

정답 1. give, a, look   2. became, lovesick   3. got, stuck, take, roots   4. turned, into
5. even, after

Arachne was excellent at weaving cloth.
People [1]paid her a compliment and she
became arrogant.

"Arachne, you [2]are really
good at weaving cloth. Did
you learn from the
goddess, Athena?"

Arachne answered [3]with a
heavy-browed face.

"Who is Athena? I did not
learn from anyone. If she is

9

really good at weaving cloth, I want to compete with her. If I lose, I will [4]submit to punishment."

Athena who heard that, had a weaving match with her.

Arachne weaved cloth with a pattern of gods making mistakes.

Gods who saw the cloth, got furious.

"A wicked thing! You can't [5]rid yourself of arrogance [6]to the last! You will weave cloth in your lifetime!"

Athena shouted at Arachne.

Then, Arachne became a spider.

Key Notes

1) pay somebody a compliment는 '누구를 칭찬하다'라는 뜻의 숙어랍니다. 여기서 명사로 쓰인 compliment는 동사로 쓰여 compliment만으로도 '칭찬하다'라는 표현이 되니 꼭 기억해두세요.

2) '~을 잘하다'라고 할 때는 be good at이라는 표현을 씁니다. 반대로 '~을 못하다'라고 할 때는 be bad at이 되겠지요?

3) '기분나쁜 얼굴로'라는 표현으로는 with a heavy-browed face를 쓴다는 것도 기억해둡시다.

4) '처벌을 달게 받다'라는 표현으로 submit to punishment가 있네요. submit to는 원래 '~에 복종하다'라는 뜻의 숙어인데 punishment와 함께 쓰여 '처벌을 달게 받다'라는 뜻이 됩니다.

5) rid oneself of는 '~을 없애다, ~에서 벗어나다'라는 뜻입니다. 비슷한 뜻의 숙어로 get rid of가 있습니다.

6) '마지막까지, 끝까지'라는 표현의 숙어 to the last도 알아둡시다. 같은 뜻의 숙어로 to the end가 있습니다.

1) People _____ _____ _____ _____ and she became arrogant.

사람들이 칭찬을 많이 하자 그녀는 건방져졌어요.

2) "Arachne, you _____ really _____ _____ weaving cloth."

"아라크네, 옷감을 정말 잘 짜네요."

3) Arachne answered _____ _____ _____ _____.

아라크네는 기분나쁜 얼굴로 말했어요.

4) If I lose, I will _____ _____ _____.

만약 내가 진다면 어떤 벌이라도 달게 받겠어요.

5) "A wicked thing! You can't _____ _____ _____ arrogance _____ _____ _____! You will weave cloth in your lifetime!"

"못된 것! 끝까지 거만함을 버리지 않다니! 평생 실이나 짜거라!"

정답 1. paid, her, a, compliment   2. are, good, at   3. with, a, heavy-browed, face
4. submit, to, punishment   5. rid, yourself, of, to, the, last

Icarus saw a flying bird.

"I [1]wish I could fly like a bird."

After hearing that, his dad, Daedalus started to make wings.

He put feathers together, [2]one by one with wax droppings.

A few days later, the wings were completed.

Icarus could fly with the wings attached.

One day, Icarus [3]shouldered the wings behind his dad's back.

"Let's fly up above clouds. If I come back

quickly, he will not notice."

Icarus flapped the wings and flew up into the sky.

Then, his body became hot [4]going up and up. He went close to the sun.

The wax droppings of feathers started to melt in sunlight.

The feathers [5]fell apart and Icarus fell down into the sea.

![pencil] **Key Notes**

1) '~하면 좋을 텐데'라고 현재의 소원을 말할 때는 동사 wish와 함께 과거형을 씁니다. 여기서는 can의 과거형인 could를 써서 '~할 수 있으면 좋을 텐데'라는 표현이 되었네요. 현재의 소원이지만 wish 뒤에 동사 과거형이 온다는 것을 잊지 마세요.

2) '하나씩'이라는 표현인 one by one도 기억해두세요. 전치사 by가 쓰이네요.

3) shoulder는 '어깨'라는 뜻의 명사이지만 '어깨에 메다'라는 뜻의 동사로도 쓰입니다.

4) '~하면서'처럼 어떤 일이 동시에 진행될 때는 동사+ing를 씁니다. '위로 올라가면서'라고 할 때는 going up이 되겠지요. '점점 더 위로'와 같이 반복성을 나타낼 때는 up and up으로 한 번 더 강조해서 씁니다.

5) '뿔뿔이 흩어지다, 떨어지다'라는 표현에는 fall apart가 있습니다. '물건이 흩어지다'라는 의미도 있지만 감정적으로 망가짐을 의미할 때도 있답니다.

Practice

1) "I _____ I _____ fly like a bird."

   "나도 새처럼 날 수 있으면 얼마나 좋을까."

2) He put feathers together, _____ _____ _____ with wax droppings.

   그는 새의 깃털을 촛농으로 하나하나 붙였죠.

3) One day, Icarus _____ the wings behind his dad's back.

   어느 날, 이카로스는 아빠 몰래 날개를 어깨에 멨어요.

4) Then, his body became hot _____ _____ _____ _____.

   그런데 자꾸자꾸 올라가다 보니 온 몸이 뜨거워졌어요.

5) The feathers _____ _____ and Icarus fell down into the sea.

   깃털이 하나둘 떨어지고, 이카로스는 바다 속으로 추락하고 말았어요.

정답 1. wish, could   2. one, by, one   3. shouldered   4. going, up, and, up
5. fell, apart

 Sphinx was a monster [1]whose face was a woman's and whose body was a lion's and had wings on the back.

Sphinx posed a riddle to [2]passers-by at the entrance of Thebes.

He ate people who could not solve the riddle.

There was no one who could solve the riddle.

Oedipus who was travelling met Sphinx.

Sphinx asked, "What goes on four legs in the morning, two legs at noon, and three legs in the evening?"

Oedipus answered after thinking [3]for a moment.

"It is man. As a child he crawls with two hands and two knees. When grown, he walks on his two feet, and in old age he walks with a staff."

Finally, he solved the riddle. [4]Afterward Sphinx did not [5]show up in Thebes.

Key Notes

1) '~의'라는 뜻의 소유관계대명사로는 whose가 있습니다. 앞뒤의 단어를 연결할 때 관계를 잘 보아야겠지요? 여기서는 앞단어 monster, 뒷단어 face의 관계를 볼 때 앞단어 monster가 뒷단어 face의 소유격으로 해석되므로 whose로 자연스럽게 이어 줍니다.

2) '행인, 지나가는 사람'이라는 뜻으로 쓰이는 passer-by도 기억해두세요. 여기서 주의할 점은 '지나가는 사람들, 행인들'과 같이 복수로 쓰일 때는 앞단어 passer에 s를 붙인다는 것입니다.

3) for a moment는 '잠시'라는 뜻의 숙어로 moment 대신 minute나 second를 쓰기도 합니다.

4) afterward는 '나중에, 그 후에'라는 뜻으로 later와 유사하게 쓰입니다. 예를 들어, '두 달 후에'는 two months afterward 혹은 two months later가 되겠지요.

5) '나타나다'라는 뜻으로는 숙어 show up을 씁니다. 비슷한 숙어로 turn up이 있고, 한 단어로는 appear가 있습니다.

Practice

1) Sphinx was a monster _____ face was a woman's and whose body was a lion's and had wings on the back.

스핑크스는 얼굴은 여자, 몸은 사자, 등에는 날개가 달린 괴물이었어요.

2) Sphinx posed a riddle to _____ at the entrance of Thebes.

스핑크스는 테베 시 입구에서 지나가는 사람들에게 수수께끼를 냈어요.

3) Oedipus answered after thinking _____ _____ _____.

오이디푸스는 잠시 생각하다가 말했어요.

4) _____ Sphinx did not _____ _____ in Thebes.

그 후, 테베 시에 스핑크스가 나타나지 않았어요.

정답 1. whose   2. passers-by   3. for, a, moment   4. Afterward, show, up

Achilleus [1]was born to the man king Peleus and the sea-nymph Thetis.

A child who was born to a man and a nymph, could not be [2]immortal.

Thetis wanted her son to be immortal like a god. So, she soaked him into Styx River [3]soon after he was born.

A man could become immortal [4]after being soaked in Stynx River.

However, Thetis was holding

his ankle when she soaked him in the river. So, the water did not touch his ankle. Thus, his ankle became his weakness.

He learned a lot from Chiron.

He became a warrior who was good at music, art of medicine and swordsmanship.

He [5]distinguished himself at the Trojan War.

However, he died after being shot by an arrow at ankle.

Key Notes

1) '~의 사이에서 태어나다, ~에서 태어나다'라는 표현을 쓸 때는 be동사+born+to를 씁니다. '부자로 태어나다'라고 할 때는 born to wealth라고 씁니다.

2) immortal은 '죽지 않는, 불멸의'라는 뜻의 단어입니다. 반대로 '필멸의, 죽어야 할 운명의'라는 뜻으로 쓰이는 단어는 mortal입니다.

3) after가 '~후에'라는 뜻의 단어임은 잘 알고 있을 것입니다. 그럼 '바로 ~후에, 하자마자'라고 할 때는 어떻게 하면 될까요? after 앞에 soon이나 right를 붙여 주면 된답니다.

4) '물에 담긴 후에'와 같이 after 다음에 수동구가 올 때는 be동사에 ing를 붙이고 동사의 과거분사를 써 주어 after being soaked가 됩니다. '숨겨진 후에'라고 할 때는 after being hidden이 되겠지요.

5) '~에 뛰어나다, ~에 수훈을 세우다'라는 뜻의 숙어로 distinguish oneself를 썼군요. 그럼 '문학에 뛰어나다'라고 할 때는 distinguish oneself in literature라고 하면 되겠지요?

Practice

1) Achilleus _____ _____ _____ the man king Peleus and the sea-nymph Thetis.

아킬레우스는 바다의 요정 테티스와 인간인 펠레우스 왕 사이에서 태어났어요.

2) A child who was born to a man and a nymph, could not be _____.

인간과 요정 사이에서 태어난 아이는 영원히 살 수 없었어요.

3) So, she soaked him into Styx River _____ _____ he was born.

그래서 그녀는 그가 태어나자마자 스틱스 강물에 담갔어요.

4) A man could become immortal _____ _____ _____ in Stynx River.

스틱스 강물에 몸을 담그면 영원히 죽지 않게 되거든요.

5) He _____ _____ at the Trojan War.

그는 트로이 전쟁에서 많은 공을 세웠습니다.

정답 1. was, born, to   2. immortal   3. soon, after   4. after, being, soaked
5. distinguished, himself

A princess named Europe lived in a country named Phoenicia.

Zeus [1)]fell in love with her at first sight.

He [2)]turned himself into a white cow and [3)]came up to her.

She patted the white cow.

"You are a handsome cow. Can I ride on you?"

She rode on the cow.

At that moment, the cow started to run.

The cow reached Crete and she was turned into Zeus. Europe was very surprised but accepted his love.

She was the first one [4]who [5]set foot on Crete.

So people called the continent including Greece Europe.

Europe is pronounced as 'jʊrəp' in English.

Key Notes

1) '첫눈에 반하다, 첫눈에 사랑에 빠지다'라는 표현으로는 fall in love with somebody at first sight를 씁니다. at first sight는 '첫눈에, 처음 보고'라는 뜻의 숙어랍니다.

2) '~으로 변신하다' 할 때는 turn oneself into를 쓰지요. turn이라는 단어는 '돌리다'라는 뜻이지만 into와 함께 '변하다'라는 뜻으로 많이 쓰인답니다.

3) come up to는 '~에게 다가가다'라는 뜻입니다. 이와 비슷한 단어로는 approach, 비슷한 숙어로는 go near가 있습니다.

4) 앞문장과 뒷문장을 이어 주는 관계대명사를 쓸 때, 바로 앞문장의 단어가 뒷문장의 주격이 될 때는 who를 씁니다. 여기서는 앞문장의 단어 the first one이 뒷문장의 동사 set의 주격이 되므로 관계대명사 who를 써서 문장을 이어 주었습니다.

5) '~에 발을 딛다, 들여놓다'라는 뜻의 숙어로 set foot on을 썼군요. 예를 들어 '달에 첫발을 내디딘 사람'의 영어 표현은 the first man who set foot on the moon이 되겠지요.

Practice

1) Zeus _____ _____ _____ _____ her _____ _____ _____.
제우스는 그녀를 보고 한눈에 반했습니다.

2) He _____ _____ _____ a white cow and _____ _____ _____ her.
그는 흰 소로 변해 그녀에게 다가갔어요.

3) She was the first one _____ _____ _____ _____ Crete.
그녀는 크레타 지역에 처음으로 발을 내디딘 사람이 되었어요.

정답 1. fell, in, love, with, at, first, sight   2. turned, himself, into, came, up, to
3. who, set, foot, on

24

Callisto [1] was transformed into a
bear because Hera was [2] jealous of
her.

Callisto [3] could not help but live in
the woods.

One day, she [4] ran into a young man.

He was her son.

"Oh, my son!"

Callisto was [5] so happy to see him that she
tried to hug him.

However, the young man who did not know

the bear was his mom, tried to stab her. Zeus saw the scene as it happened.

He [6] had them stop.

And then he put them between the stars in the sky.

They are the constellations of Great Bear and Little Bear.

Key Notes

1) transform은 '변형시키다, 형태를 바꾸다'라는 뜻의 동사입니다. '~으로 변하다'라고 할 때는 수동태인 be+과거분사+into를 써서 be transformed into를 씁니다. 비슷한 표현으로 be turned into가 있겠네요.

2) jealous는 '질투하는'이라는 뜻입니다. 주로 전치사 of와 함께 쓰입니다.

3) can not help but+동사원형은 '~하지 않을 수 없다, 어쩔 수 없이 ~하다'라는 뜻으로 자주 쓰이는 숙어입니다. 같은 뜻의 숙어로 can not help+~ing도 있습니다. '사랑하지 않을 수 없다'라고 할 때는 can not help but fall in love 혹은 can not help falling in love라고 쓰면 되겠지요.

4) '~와 우연히 만나다'라는 표현의 숙어로 run into가 있습니다. 비슷한 뜻의 단어나 숙어로는 encounter, come across, bump into 등이 있습니다.

5) so ~that 절은 '너무 ~해서 ~하다'라는 뜻입니다. 예를 들어 '나는 너무 기뻐서 울었다'는 I was so happy that I cried라고 하면 되겠지요.

6) have+사람+동사원형을 쓰면 '~가 ~하게 하다'라는 뜻으로, 사람에게 무언가를 시킨다는 뜻입니다. 여기서 have 동사는 make 동사로도 바꿔쓸 수 있습니다. '그가 일하게 하다'는 have him work라고 하면 됩니다.

Practice

1) Callisto _____ _____ _____ a bear because Hera was _____ _____ her.

칼리스토는 헤라의 질투 때문에 곰이 되었어요.

2) Callisto _____ _____ _____ _____ _____ in the woods.

어쩔 수 없이 칼리스토는 깊은 숲 속에 들어가 살아야 했습니다.

3) One day, she _____ _____ a young man.

어느 날, 그녀는 한 청년과 맞닥뜨렸어요.

4) Callisto was _____ _____ to see him _____ she tried to hug him.

칼리스토는 너무 반가워서 그를 안으려 했어요.

5) He _____ them _____.

그는 두 사람의 행동을 멈추게 했어요.

정답 1. was, transformed, into, jealous, of   2. could, not, help, but, live
3. ran, into   4. so, happy, that   5. had, stop

Athena chose one place in Greece to build a temple.

However, Poseidon also wanted that place.

Athena [1]suggested that they should ask people who were living there.

Poseidon gladly agreed.

He tapped the ground with the trident.

"I will [2]present spring water to mankind."

Then clear [3]spring water [4]gushed out.

Athena planted an olive tree.

"You can eat the fruit of this olive tree and make oil from it and use it as a medicine."

People thought that they needed the olive tree more than the spring water.

People were [5]in Athena's favor.

That place is now Athens, the capital of Greece.

1) suggest는 '제안하다'라는 뜻의 동사입니다. 이 동사와 함께 쓰는 that 절에서는 동사의 원형, 혹은 조동사 should와 함께 동사의 원형을 쓴다는 것을 잊지 마세요.

2) present는 '선물'이라는 뜻의 명사이지만 여기에서처럼 동사로 쓰여 '선물을 주다, 증정하다'라는 뜻도 된답니다.

3) spring water는 '샘물'입니다. spring에는 '봄'이라는 뜻 이외에 '샘'이라는 뜻도 있답니다.

4) gush는 '(액체가)솟구치다'라는 뜻입니다. out과 함께 쓰여 '많은 양이 쏟아져나오다'의 의미로 강조하여 쓰입니다. gush 대신에 spout를 써도 비슷한 뜻이 됩니다.

5) in one's favor, in favor of something은 '~의 편에서, ~에게 찬성하는'이라는 뜻입니다. '그 의견에 찬성이야'는 I am in favor of the opinion이라고 쓰면 됩니다.

Practice

1) Athena _____ that they _____ _____ people who were living there.

아테나는 그 곳에 살고 있는 사람들에게 물어보자고 제안했어요.

2) "I will _____ spring water to mankind."

"나는 너희에게 샘물을 선물하겠다."

3) Then clear _____ _____ _____ _____.

그러자 맑은 샘물이 솟아났죠.

4) People were _____ _____ _____.

사람들은 아테나의 손을 들어 주었죠.

정답 1. suggested, should, ask   2. present   3. spring, water, gushed, out
4. in, Athena's, favor

Leto [1] was being hunted down all the time because of Hera's jealousy.

After [2] wandering around, Leto found a clean spring.

There were farmers around the spring.

Leto who was thirsty, was trying to drink the water.

Then, they disrupted her.

"Go away! This is our spring."

Then they made it muddy water.

Leto [3] got angry.

"You will live in here forever!"

Then they started to transform.

They started to [4]shrink, their voices roughened and they [5]got to live only in the muddy spring.

They turned into frogs.

Key Notes

1) hunt는 일반적으로 '사냥하다'라는 뜻의 동사입니다. down과 함께 쓰여 '추적하다, 뒤쫓다'라는 숙어로 많이 쓰이는데 여기서는 '쫓김을 당하다'라는 수동의 의미, 게다가 과거 진행의 의미로 쓰여 be+being+과거분사+down의 형태로 쓰였네요.

2) 동사 wander는 주로 around와 함께 쓰여 '방황하다, 정처없이 거닐다'라는 뜻으로 많이 쓰입니다.

3) 동사 get에는 여러 가지 의미가 있습니다. 여기서는 become의 의미로 '~하게 되다'라는 뜻으로 쓰였습니다. '슬퍼지다'라고 할 때는 get sad가 되겠지요. get 다음에 동사가 오면 get to를 씁니다.

4) shrink는 '줄어들다'라는 뜻입니다. 물리적으로 줄어드는 것 외에도 감정적으로 '움츠러들다'라고 할 때도 쓰입니다.

5) '~하게 되다'라는 표현으로 get to를 썼습니다. '사랑하게 되다'라면 get to love가 되겠지요.

1) Leto _____ _____ _____ _____ all the time because of Hera's jealousy.

레토는 헤라의 질투 때문에 늘 쫓겨다녔어요.

2) After _____ _____, Leto found a clean spring.

이곳 저곳을 떠돌던 레토는 맑은 샘을 발견했어요.

3) Leto _____ angry.

레토는 너무 화가 났습니다.

4) They started to _____, their voices roughened and they _____ _____ live only in the muddy spring.

그들은 몸이 오그라들고 목소리는 거칠어지고 진흙 연못에서만 살게 되었습니다.

정답 1. was, being, hunted, down   2. wandering, around   3. got   4. shrink, got, to

There lived Prometheus and Epimetheus who were brothers.

They made men and animals.

They made animals who walked with four feet and men who walked with two feet like a god.

"I want to give a special present to men."

The brothers decided to give men fire [1] after much consideration.

However, Zeus disagreed.

"You can not give men fire. If they get fire,

they will start to [2]look down on us."

But, Prometheus brought fire to men [3]behind Zeus' back.

After finding out, Zeus got furious.

"Drat the child! I told him not to give fire to men."

Zeus punished Prometheus.

Prometheus was tied up with chains on a big rock up on the top of a high mountain.

Then Zeus let a huge eagle eat the liver of Prometheus. Prometheus screamed [4]in pain.

However next day, he had a new liver. Then again, the eagle pecked at and ate it.

Prometheus had to suffer in agonies of pain again. Like that, he was in endless pain. Later, only after a hero called Hercules [5]showed up and killed the eagle, he could [6]get out of the pain.

Key Notes

1) '심사숙고한 후에, 고민 끝에'라는 뜻으로 after much consideration을 썼습니다. consideration은 '숙고'라는 뜻의 단어로, 셀 수 없는 단어이므로 앞에 many가 아닌 much가 와서 '심사숙고, 충분한 생각'으로 쓰였습니다.

2) look down on은 '~을 깔보다, 업신여기다'라는 뜻의 숙어입니다. 반대로 '존경하다, 우러러보다'라는 뜻의 숙어로는 look up to가 있답니다.

3) behind one's back은 '~모르게, ~몰래'라는 뜻입니다. 여기서 back을 '등'이라는 뜻으로 직역하면 '~의 등 뒤에서'가 되어, 몰래 무슨 일을 할 때 쓰는 표현이지요.

4) '고통스러운, 괴로운, 아픈'이라는 표현의 숙어로 in pain이 있습니다. '고통'이라는 단어 pain

앞에 전치사 in을 쓴다는 것을 잊지 마세요.

5) show up은 '나타나다, 눈에 띄다'라는 뜻으로, 비슷한 숙어로는 turn up이 있습니다. 비슷한 단어로는 appear가 있습니다.

6) get out of는 '~에서 빠져나오다, 벗어나다'라는 뜻으로, 일정한 공간이나 장소에서 벗어나다는 뜻이지만 고통이나 심리적 상태에서 벗어남을 뜻하기도 합니다.

Practice

1) The brothers decided to give men fire _____ _____ _____.

　　형제는 고민 끝에 인간에게 불을 주기로 했어요.

2) "You can not give men fire. If they get fire, they will start to _____ _____ _____ us."

　　"인간에게 불을 주면 안 된다. 불을 갖게 되면 인간은 우리를 우습게 여길 것이다."

3) But, Prometheus brought fire to men _____ Zeus' _____.

　　하지만 프로메테우스는 제우스 몰래 인간에게 불을 가져다 주었죠.

4) Prometheus screamed _____ _____.

　　프로메테우스는 너무 고통스러워 비명을 질렀어요.

5) Later, only after a hero called Hercules _____ _____ and killed the eagle, he could _____ _____ _____ the pain.

　　나중에 헤라클레스라는 영웅이 나타나 독수리를 죽인 후에야 그 고통에서 벗어날 수 있었어요.

정답 1. after, much, consideration　2. look, down, on　3. behind, back　4. in, pain
5. showed, up, get, out, of

Narcissus was a ¹⁾good-looking boy.

That's why all the nymphs in the forest liked him.

Echo also liked him.

However, Narcissus did not accept Echo's love.

Echo was angry and prayed to the goddess of revenge.

"Goddess, please give him the loving heart and the pain of being refused."

[2)]Before long, Narcissus [3)]passed by a pond.

He got to see a face which was reflected in the water.

"Ah, how handsome! He is so beautiful!"

Narcissus fell in love with the face which was reflected in the water.

He confessed his love.

But there was no answer.

Narcissus tried to touch the face in the water.

Then the face disappeared.

When the waves calmed down, the face appeared again.

"I like you. Why don't you accept my love?"

Narcissus did not leave the pond.
[4]After all, he [5]died by drowning because of hopeless love.

A white flower began to bloom around the

pond [6]where Narcissus drowned.
That flower is narcissus.

Key Notes

1) good-looking은 형용사로 '잘 생긴, 보기좋은'이라는 의미로 쓰입니다. handsome과 같은 뜻이지요.

2) '얼마 후, 오래지 않아'라는 뜻으로 before long을 썼네요.

3) '옆을 지나가다'라는 구문으로 pass by가 있습니다. 여기서 파생된 단어로, 행인이라는 뜻인 'passer-by'도 기억해두면 좋겠지요.

4) '결국'이라는 표현의 숙어로 after all이 있습니다. 비슷한 단어로는 eventually가 있습니다.

5) die가 '죽다'라는 뜻임은 잘 알고 있을 것입니다. 질병 등으로 죽을 때는 die of나 die from 을 주로 쓰지만, '익사하다, 물에 빠져죽다'라고 할 때는 die by를 써서 die by drowning이 된 다는 것을 알아두세요.

6) 두 문장을 이어 주는 관계부사로는 when, where, how 등이 있는데, 앞문장의 단어가 뒷문 장에서 장소의 의미로 쓰일 경우에는 where로 이어 줍니다. pond는 나르시스가 익사한 장소이 므로 where를 쓴 것이죠.

1) Narcissus was a _____ boy.

　나르시스는 잘 생긴 소년이었어요.

2) _____ _____, he _____ _____ a pond.

　얼마 후, 그는 연못가를 지나가고 있었어요.

3) After all, he _____ _____ _____ because of hopeless love.

　결국 그는 이루어지지 않는 사랑 때문에 연못에 빠져죽고 말았어요.

4) A white flower began to bloom around the pond _____ Narcissus drowned.

　나르시스가 빠진 연못가에 하얀 꽃이 피어났어요.

정답 1. good-looking   2. Before, long, passed, by   3. died, by, drowning
4. where

The god of love, Eros had two arrows.

People fell in love when they were shot by the golden arrow and in hate by the leaden arrow.

One day, the god of sun, Apollon [1] made fun of Eros.

"Hey boy, a bow and arrow is for an adult. A boy like you should play with a toy."

Eros was angry.

So he shot the golden arrow to Apollon.

Then he shot the leaden arrow to the nymph, Daphne.

Apollon who saw Daphne fell in love with her.

"Daphne, I love you."

But Daphne hated Apollon.

"I hate you. Please go away."

However, Apollon [2] kept confessing his love.

Daphne [3] could not stand any longer and ran away to avoid him.

Apollon kept chasing her. Daphne shouted at her father, the god of river.

"Father, I hate him. Please turn me into something else."

Then, Daphne was turned into a tree.

The tree is a laurel tree.

1) make fun of는 '~를 놀리다, 조롱하다'라는 뜻의 숙어입니다. 비슷한 숙어로는 make a fool of, 비슷한 뜻의 단어로는 ridicule, fool 등이 있습니다.

2) keep ~ing는 '계속해서 ~하다'라는 뜻입니다. '계속 가다'는 keep going, '계속 공부하다'는 keep studying이 되겠지요.

3) can not stand any longer는 '더 이상 참을 수 없다'는 뜻으로 stand 대신 bear를 쓰기도 합니다. any loger는 부정문에 쓰여 '더 이상, 이제는'이라는 뜻으로, longer 대신 more를 쓰기도 합니다.

Practice

1) One day, the god of sun, Apollon ＿＿＿ ＿＿＿ ＿＿＿ Eros.
어느 날, 태양의 신 아폴론이 에로스를 놀렸어요.

2) However, Apollon ＿＿＿ ＿＿＿ his love.
하지만 아폴론은 계속해서 사랑을 고백했어요.

3) Daphne ＿＿＿ ＿＿＿ ＿＿＿ ＿＿＿ ＿＿＿ and ran away to avoid him.
참다못한 다프네는 그를 피해 도망갔어요.

정답 1. made, fun, of   2. kept, confessing   3. could, not, stand, any, longer

Orpheus and Eurydice was a married couple.

One day, Eurydice died after she was bitten

by a snake. Orpheus was very sad.

"Oh, honey. I can't [1]let

you go like this."

Orpheus went to the underworld

to [2]bring her back to life.

The god of the underworld was moved by

Orpheus' love.

So he decided to bring her back to life.

"If you go onto the ground, Eurydice will

follow you, [3]provided you never look back until you reach the ground.

If you look back, your wife has to come back to the underworld."

After hearing what the god said, Orpheus left the underworld and walked [4]towards the ground.

However, he didn't hear her footsteps.

'Is she following me? I want to look back.'

However, he [5]held back recalling what the god said.

Finally, he saw the sunlight from the ground.

"Ah, I am almost there!"

Orpheus was relieved.

However, even until then, he did not hear Eurydice's footsteps.

Orpheus could not hold back any longer and looked back.

Then, Eurydice disappeared into the cave with a scream.

Orpheus regretted but it was too late.

He broke his promise with the god.

Key Notes

1) let+사람+동사원형은 '누가 ~하게 두다'라는 뜻으로, 일부러 시킨다기보다는 '~하게 내버려둔다'는 의미입니다. 이 때 let 다음에 동사원형을 쓴다는 것에 주의하세요.

2) '~를 되살리다'라는 뜻으로 bring a person back to life라는 표현이 있습니다. 암기해두면 편하겠지요?

3) '단 ~하기만 하다면'이라는, 조건을 나타내는 문장을 만들고 싶을 때는 provided 절이 있습니다. if와 비슷한 의미로 쓰여 조건이나 가정의 의미로 쓰이지요. '그를 만나기만 한다면, 그를 만난

다는 조건하에'라고 한다면 **provided you meet him**이라고 하면 되겠지요.

4) **towards**는 방향을 나타내는 전치사입니다. '~쪽으로, ~을 향하여'라는 뜻이지요.

5) **hold back**은 '참다, 망설이다'라는 뜻의 숙어입니다. 물리적으로 제지하거나 막는다는 의미뿐만 아니라, 여기에서처럼 감정적으로 참고 보류할 때도 쓰입니다.

Practice

1) "Oh, honey. I can't _____ you _____ like this."

"오, 여보. 당신을 이렇게 보낼 수는 없소."

2) Orpheus went to the underworld to _____ _____ _____ _____ _____.

오르페우스는 그녀를 살리기 위해 저승으로 갔어요.

3) "If you go onto the ground, Eurydice will follow you, _____ you never look back until you reach the ground."

"네가 지상으로 가면 에우리디케가 따라갈 것이다. 단, 지상에 도착할 때까지 절대 뒤를 돌아봐서는 안 된다."

4) After hearing what the god said, Orpheus left the underworld and walked _____ the ground.

그 말을 듣고 오르페우스는 저승을 떠나 지상을 향해 걸었어요.

5) However, he _____ _____ recalling what the god said.

하지만 그는 저승의 신의 말이 떠올라 꾹 참았어요.

정답 1. let, go   2. bring, her, back, to, life   3. provided   4. towards   5. held, back

Demeter, the goddess of earth, lost her daughter Persephone. Demeter [1]looked all over the world for her but could not find her.

She was in sorrow and kept crying.

The whole world [2]had a drought and was in flood sometimes because Demeter, the goddess of earth, did not [3]take care of earth.

One day, Demeter found out that Hades had abducted her daughter to the underworld.

Demeter asked for Zeus' help.

"If your daughter did not taste food of the underworld, she can come back."

Fortunately, until then, she had not eaten any food of the underworld.

When Persephone rode on the wagon for the ground, Hades gave her four pomegranate seeds.

"Persephone, you will be hungry because you [4]have not eaten anything. Please eat this before you make a long journey."

She ate the four pomegranate seeds that Hades gave to her and came back.

But it was the source of trouble.

"You ate the food of the underworld, so you have to stay here. However, Demeter will [5]give herself over to grief……."

Zeus was worried. And then, he [6]made a decision [7]with difficulty.

"You ate four pomegranate seeds, so stay in the underworld only for four months a year."

Persephone got to live in the underworld for four months a year. [8]While Persephone was in the underworld, Demeter did not look after earth so the earth was frozen and cold wind swept through. When Persephone came back, Demeter started to look after the earth again and four seasons came.

Key Notes

1) look+장소+for+사람은 '누구를 찾아보다'라는 뜻으로 전치사 for와 함께 쓰임을 알아두세요. 여기서는 '온 세상'이란 뜻의 all over the world를 장소의 자리에 넣었군요.

2) '가뭄이 들다'라고 할 때는 have 동사를 써서 have a drought라고 하고, '(강이)범람하다, 홍수가 나다'라고 할 때는 be 동사와 함께 in flood라는 표현을 씁니다. 가뭄과 홍수, 동시에 알아두면 좋은 표현이죠.

3) take care of는 '돌보다, 신경쓰다'라는 의미의 숙어로, 비슷한 숙어로는 look after가 있습니다. '아이를 돌보다'는 take care of / look after children이라고 하면 되겠죠. 자주 쓰이는 표현이니 기억해두세요.

4) 현재까지 쭉 진행된 상태를 나타내는 시제를 '현재완료' 시제라고 합니다. have eaten은 현재까지 먹었다는 뜻이 될 것이고, 여기서는 not이 붙어 부정문이 되었으니 현재까지 아무것도 먹지 않았다는 뜻이 되겠지요.

5) give oneself over to는 '~에 빠지다, 몰두하다'라는 뜻입니다. grief와 함께 쓰여 '슬픔에 빠지다'라는 뜻이 되었네요. '그는 이상에 빠졌다'는 He gave himself over to ideals라고 쓰면 되겠지요.

6) '결정을 내리다'라는 의미의 숙어로 make a decision이 있군요. 한 단어로는 decide가 있지요.

7) with difficulty는 '간신히, 겨우, 어렵게'라는 뜻입니다. '간신히 시험에 합격하다'라는 문장은 pass an examination with difficulty가 되겠지요.

8) while은 '~하는 동안에'라는 뜻입니다. while 뒤에는 '주어+동사'의 절이 와야 하며, 같은 뜻으로 쓰이는 during의 뒤에는 절이 아닌 시간을 나타내는 구가 옵니다. 예를 들어 '내가 공부하는 동안에' 하게 되면 while I study가 되고, '점심시간 동안에'라고 할 때는 during lunch time이 됩니다.

1) Demeter _____ all over the world _____ her but could not find her.

데메테르는 온 세상을 다 뒤졌지만 그녀를 찾을 수 없었죠.

2) The whole world _____ _____ _____ and _____ _____ _____ sometimes because Demeter, the goddess of earth, did not _____ _____ _____ earth.

땅의 여신 데메테르가 땅을 보살피지 않자 온 세상에 가뭄이 들거나

큰 홍수가 나기도 했어요.

3) "Persephone, you will be hungry because you _____ not _____ anything."

"페르세포네, 그 동안 아무것도 먹지 않았으니 배가 고플 것이오."

4) "However, Demeter will _____ _____ _____ _____ grief……."

"하지만 데메테르가 큰 슬픔에 빠지게 될 텐데……."

5) And then, he _____ _____ _____ _____ _____.

그리고 그는 어렵게 결정을 내렸죠.

정답 1. looked, for   2. had, a, drought, was, in, flood, take, care, of   3. have, eaten
4. give, herself, over, to   5. made, a, decision, with, difficulty

Perseus was the son of Zeus and Danae.

However, the king of the island of Serifos

gave him an impossible task.

The king wanted to [1]marry Danae.

However, Perseus rejected.

The king wanted Perseus to disappear.

"Perseus, [2]go get Medusa's head."

Medusa was a beautiful girl once.

However, Athena made Medusa an ugly

monster because she was too arrogant.

Also, anyone who made an eye contact with

54

Medusa, turned into a rock.

Perserus searched for her to [3]abide by the king's order.

Athena gave him a shield and a leather knapsack.

Hermes gave him sandals and a sword.

Hades gave him a magic helm to hide himself.

[4]Wearing sandals, Perseus flew to where Medusa lived.

He viewed Medusa's reflection in the shield, not to see her face directly.

Perseus approached her quietly

and cut off her head with the sharp sword and put it in the knapsack quickly.

However, Medusa's two sisters came after Perseus.

Perseus [5]put on the helm that Hades presented.

He could run away from Medusa safely.

Key Notes

1) marry는 '누구와 결혼하다'라는 뜻의 동사입니다. 여기서 주의할 점은 '~와 결혼하다'라고 해서 전치사 with와 함께 쓰일 것으로 착각하기 쉽지만 marry 동사는 with 없이 단독으로 쓰인다는 것을 알아두세요. 그러니 '나와 결혼하다' 할 때는 marry with me가 아니라 marry me가 되겠지요.

2) '가서 가져오다'라고 할 때 동사 go와 get을 한꺼번에 썼네요. 동사 두 개가 동시에 쓰여 이상하게 보이겠지만 자주 쓰는 표현이랍니다. '커피 좀 가져오다' 하면 go get some coffee가 되겠지요.

3) abide by는 '~를 준수하다, 지키다, 따르다'라는 의미의 숙어로 주로 법이나 명령, 규칙 등을 지킬 때 쓰는 말입니다.

4) '~하면서'와 같이 동시에 어떤 일을 하거나 무언가가 진행될 때는 동사에 ~ing를 붙여서 분

사구문을 만들어 문장을 연결해 줍니다. 구두를 신고 날아가는 상황이 함께 일어나고 있으므로 wear에 ing를 붙인 wearing을 써서 '구두를 신고'라고 표현하고 있습니다. 그럼 '나는 TV를 보면서 점심을 먹었다'라는 문장은 Watching TV, I had lunch가 되겠지요.

5) put on은 '(옷이나 모자)를 입다, 쓰다'라는 뜻의 숙어로, wear와 같은 뜻입니다. 반대로 '벗다'라고 할 때는 take off를 씁니다.

Practice

1) The king wanted to _____ Danae.
   왕은 다나에와 결혼하고 싶었어요.

2) "Perseus, _____ _____ Medusa's head."
   "페르세우스야, 가서 메두사의 머리를 가져와라."

3) Perserus searched for her to _____ _____ the king's order.
   페르세우스는 왕의 명령에 따라 그녀를 찾아나섰습니다.

4) _____ sandals, Perseus flew to where Medusa lived.
   페르세우스는 구두를 신고 메두사가 있는 곳으로 날아갔어요.

5) Perseus _____ _____ the helm that Hades presented.
   페르세우스는 하데스가 선물한 마법투구를 썼어요.

정답 1. marry   2. go, get   3. abide, by   4. Wearing   5. put, on

The queen of Argos [1] entrapped Bellerophon because he refused her love.

The king of Argos got furious because he did not know about it.

So he sent Bellerophon with a letter to Iobates, the king of Lycia.

The letter said, 'Kill the man who brings this letter'.

Iobates hesitated because he had no reason to kill him.

But he could not refuse what

the king of Argos said.

So he [2]thought it over and said, "Kill Chimera and come back".

Chimera was a scary fire-breathing monster.

Chimera was the monster with a lion's head, a goat's body and a snake's tail.

Iobates did not think Bellerophon could [3]be a match for Chimera.

But Bellerophon [4]defeated Chimera with the help of Pegasus.

He also married Iobates' daughter.

Bellerophon who got

everything, became arrogant.

He said that he would ride Pegasus and compete with gods.

Zeus [5]made Bellerophon fall from Pegasus.

After that, Bellerophon had to live crippled for the rest of his life.

Key Notes

1) trap은 '덫, 함정'이라는 뜻의 단어입니다. 동사 entrap은 '덫을 놓다, 함정에 빠뜨리다, 모함하다'라는 뜻으로 쓰입니다.

2) think it over는 '차분히 다시 생각하다, 곰곰이 생각해 보다'라는 뜻의 숙어입니다.

3) '~의 상대가 되다, ~에 필적하다'라는 의미로 be a match for를 썼습니다. '~보다 한 수 위다'라고 할 때는 more than을 넣어서 be more than a match for라고 씁니다.

4) '물리치다, 이기다'라는 뜻의 단어 defeat는 beat와 같은 뜻으로 쓰입니다. '(전쟁, 시합, 경쟁 등에서)상대를 패배시키다, 물리치다'라는 뜻이지요.

5) make+사람+동사원형 구문은 '누가 ~하게 하다, ~하게 만들다'라는 뜻입니다. 이 때 make를 사역동사라고 하지요. make him fall 하면 '그가 떨어지게 하다, 그를 떨어뜨리다'라는 의미가 되고, make him work 하면 '일하게 하다, 일을 시키다'라는 의미가 되겠지요.

1) The queen of Argos _____ Bellerophon because he refused her love.

아르고스 왕국의 왕비가 벨레로폰을 모함했어요. 그가 그녀의 사랑을 거절했기 때문이지요.

2) So he _____ _____ _____ and said, "Kill Chimera and come back".

그래서 그는 잠시 생각에 잠겼다가 말했어요. "키마이라를 죽이고 와라."

3) Iobates did not think Bellerophon could _____ _____ _____ _____ Chimera.

이오바테스 왕은 벨레로폰이 키마이라를 상대할 수 없을 거라 생각했어요.

4) But Bellerophon _____ Chimera with the help of Pegasus.

하지만 벨레로폰은 페가수스의 도움으로 키마이라를 물리쳤어요.

5) Zeus _____ Bellerophon _____ from Pegasus.

제우스는 페가수스에서 벨레로폰을 떨어뜨렸어요.

정답 1. entrapped   2. thought, it, over   3. be, a, match, for   4. defeated
5. made, fall

Hercules killed his son [1] due to Hera's scheme.

Hercules asked the gods for forgiveness.

So, he was given 12 tasks.

Bringing the golden apples of the Hesperides was among the 12 tasks.

Hercules went to Atlas in Africa [2] in search for the golden apples.

'Atlas should know [3] where the golden apples are.'

Atlas was an uncle of the Hesperides.

However, Atlas had a heavy sky on his shoulders.

"Atlas, I will carry the sky [4]in place of you, so please pick the golden apples for me."

Atlas promised him to do so.

The next day, Atlas [5]brought him the golden apples.

"Hercules, I was very comfortable because I did not have to carry the sky. I will bring the golden apples for you."

Hercules [6]did a double take and [7]thought out a trick.

"Do as you please. But I was

planning to hold the sky only for a moment.

So my shoulders are sore because I did not put the sky on my shoulders properly.

Is there any way of carrying the sky on my shoulders without making them sore?"

Putting down the golden apples, Atlas told him, "Give me that. This is what you should do."

Atlas put the sky on his shoulders again.

Hercules picked up the golden apples and came back.

1) due to는 '~으로 인해'라는, 이유를 나타내는 숙어입니다. because of와 비슷한 뜻이 되겠지요.

2) in search for는 '~을 찾아서'라는 뜻입니다. 앞에 전치사 in, 뒤에는 전치사 for와 함께 쓰이는 것을 기억하세요.

3) 두 개의 문장, Atlas should know와 Where are the golden apples?를 연결하니 어떻게 되었나요? Atlas should know where the golden apples are와 같이 뒤의 의문문이 주어+동사 순서의 평서문이 되었네요. 그럼 '내 여동생이 어디 있는지 모른다'라는 문장은 두 개의 문장, I don't know와 Where is my sister?를 결합하여 I don't know where my sister is가 되겠지요.

4) '~을 대신하여'라는 뜻의 숙어로 in place of가 있습니다. 비슷한 숙어로는 instead of가 있겠네요.

5) '~에게 ~을 가져오다'라고 할 때는 bring+사람+사물 순서로 문장을 만듭니다. bring+사물+to+사람 순서로 바꿔쓰기도 하는데, 이 때는 사람 앞에 전치사 to를 써야 하는 것을 잊으면 안 됩니다.

6) '아차하다, 갑자기 깨닫다'라는 뜻의 숙어로 do a double take가 있습니다.

7) '생각해내다'라고 할 때는 think에 out을 붙입니다. '해결책을 생각해내다' 하면 think out a solution이 되겠지요.

1) Hercules killed his son _____ _____ Hera's scheme.

헤라클레스는 헤라의 계략으로 인해 자기 아들을 죽이고 말았어요.

2) Hercules went to Atlas in Africa _____ _____ _____ the golden apples.

헤라클레스는 황금사과를 찾아 아프리카의 아틀라스에게 갔어요.

3) 'Atlas should know _____ _____ _____ _____ _____,'

'아틀라스는 황금사과가 어디에 있는지 알 거야.'

4) "Atlas, I will carry the sky _____ _____ _____ you, so please pick the golden apples for me."

"아틀라스, 내가 대신 짊어지고 있을 테니 황금사과를 따다 주시오."

5) The next day, Atlas _____ _____ _____ _____ _____.

이튿날, 아틀라스가 그에게 황금사과를 가지고 왔어요.

6) Hercules _____ _____ _____ _____ and _____ _____ a trick.

헤라클레스는 아차했어요. 하지만 한 가지 꾀를 생각해냈죠.

정답 1. due, to   2. in, search, for   3. where, the, golden, apples, are   4. in, place, of
5. brought, him, the, golden, apples   6. did, a, double, take, thought, out

Phaethon and his chariot

Phaethon was the son of Helios.

Helios was the god of sun, just like Apollon.

One day, children called Phaethon a liar.

"Prove that your father is the god of sun."

He went to see his father.

"Father, please borrow me a chariot for one

day. The chariot which is drawn by horses

with wings."

Helios [1] turned it down at first.

However, he approved

Phaeton's earnest request [2] at last.

"Son, don't [3]let go of the reins [4]even though it's too scary. And follow the appointed road."

Phaethon rode on the chariot [5]with excitement.

"Hooray, see, I am the son of the god of the sun!"

Phaeton started to whip with excitement.

Then the horses started to jump.

The chariot started to rampage the sky.

The stars ran away with fear.

There started all the fuss on the earth too because of the chariot.

Snow melted, fires broke out and grains were

burnt out.

Being unable to stand any longer, Zeus threw a lightning to the chariot.

At last, the chariot was shattered and fell down to the ground.

Key Notes

1) turn down은 '~을 거절하다'라는 뜻의 숙어입니다. turn down my offer 하면 '나의 제안을 거절하다'라는 뜻이 되겠지요. 대명사가 올 경우에는 turn과 down 사이에 대명사를 넣어주어 turn it down과 같이 쓰이지요. 비슷한 뜻의 한 단어로는 reject가 있겠네요.

2) at last는 '결국, 마침내'라는 뜻의 숙어입니다. finally와 같은 뜻이지요.

3) let go of something은 '(손에 쥔 것을)놓다, 놓아 주다'라는 뜻입니다. '그의 손을 놓다'는 let go of his hand가 되겠지요. 같은 뜻의 한 단어로는 release가 있습니다.

4) even though 절은 '~에도 불구하고, 비록 ~일지라도'라는 뜻의 숙어로 even if를 쓰기도 합니다. 비슷한 뜻의 한 단어로는 although가 있습니다. '그는 키가 클지라도'의 경우는 even though / even if / although he is tall이라고 하면 되겠지요.

5) with excitement는 '흥분하여, 들떠서'라는 뜻입니다. 이처럼 with와 감정을 나타내는 명사를 함께 쓰면 기분을 나타내는 구문이 됩니다. 본문에 있는 with fear는 '무서워서'라는 뜻이 되겠지요.

Practice

1) Helios _____ it _____ at first.

헬리오스는 처음에는 거절했어요.

2 However, he approved Phaeton's earnest request _____ _____.

하지만 아들이 너무 간곡하게 부탁하자 결국 허락하고 말았죠.

3) "Son, don't _____ _____ _____ the reins _____ _____ it's too scary."

"아들아, 아무리 무서워도 절대 마차의 고삐를 놓아서는 안 된다."

4) Phaethon rode on the chariot _____ _____.

파에톤은 잔뜩 들떠서 태양마차에 올랐어요.

정답 1. turned, down   2. at, last   3. let, go, of, even, though   4. with, excitement

Sisyphus was very clever.

One day, he ¹⁾locked up the god of death.

Then, there was no one to die.

Furious Zeus told Ares, the god of war, to rescue the god of death.

And then he told Ares to take Sisyphus to the underworld.

Sisyphus told his wife, "Ares will come to me ²⁾in a minute. Then I will die.

Even though Ares takes my

soul, do not [3]hold a funeral."

Finally, Ares came to Sisyphus.

Sisyphus went to the underworld and his wife did what Sisyphus told her to do.

Sisyphus told the god of the underworld.

"My wife is not holding a funeral even though I died."

All was Sisyphus' idea.

However, the god of the underworld [4]felt bad for Sisyphus.

So he told him to go to the ground and conduct a funeral. Sisyphus promised to him that he would come back.

But Sisyphus who went to the ground, did

not go back to the underworld.

Zeus got really furious.

So he called Sisyphus back to the underworld.

As a punishment of his trickery, Sisyphus was made to roll a huge boulder up a steep hill.

The boulder [5] kept coming back down after Sisyphus rolled it up the hill.

Sisyphus was punished to roll the boulder up endlessly like this.

Key Notes

1) lock up은 '~을 가두어 버리다'라는 뜻의 숙어입니다. '문단속을 하다, 문을 다 잠그다'라는 의미로도 쓰입니다.

2) '곧, 얼마 지나지 않아'라는 뜻의 숙어로 in a minute를 썼습니다. in(within) minutes와 같은 뜻이며 soon과도 같은 뜻이지요.

3) hold a funeral은 '장례식을 치르다'라는 뜻으로 hold 대신 conduct를 쓰기도 합니다. 보통 hold는 예식이나 행사를 치를 때 많이 쓰는 동사입니다. hold a ceremony 하면 '식을 치르다'라는 뜻이 됩니다.

4) feel bad for+사람은 '안되게 느껴진다, 안쓰럽다'라는 뜻의 숙어입니다. for 뒤에 행동이 붙으면 '어떤 행동에 대해 죄책감이나 후회를 느끼다'의 의미로 쓰이기도 합니다.

5) keep+동사ing는 '계속해서 ~하다'라는 뜻으로 continue와 같은 의미입니다. keep going은 '계속해서 가다'라는 뜻이지요.

1) One day, he _____ _____ the god of death.

어느 날, 그는 죽음의 신을 가두어 버렸어요.

2) "Ares will come to me _____ _____ _____."

"조금 있으면 아레스가 날 찾아올 거요."

3) "Even though Ares takes my soul, do not _____ _____ _____."

"아레스가 나의 영혼을 가져가도 절대로 장례를 치르지 말아요."

4) However, the god of the underworld _____ _____ _____ Sisyphus.

하지만 저승의 신은 시시포스를 안쓰럽게 생각했죠.

5) The boulder _____ _____ back down after Sisyphus rolled it up the hill.

시시포스가 언덕 위로 돌을 굴려놓으면 돌은 다시 굴러내려왔어요.

정답 1. locked, up   2. in, a, minute   3. hold, a, funeral   4. felt, bad, for   5. kept, coming

Zeus was secretly in love with Io.

He turned her into a heifer not to be detected

by his wife, Hera.

However, Hera knew who the heifer was.

She pretended that she did not know and

asked, "Zeus, I really like the heifer.
I want to raise her."

Zeus [1] had no choice but to give the heifer to

Hera.

Hera ordered Argus who had

100 eyes, to watch Io.

Argos always had [2]at least 2 eyes opened even when he was asleep. That way, he could always [3]keep an eye on her.

'I do not know how I can have her run away?'

[4]Just in time, Hermes, the god of messenger told Zeus that he would help him.

Hermes turned himself into a shepherd and went to Argus.

He talked to Argus and played a pipe.

Distracted by the sound of pipe, Argus closed his eyes.

Hermes jumped at the chance and cut off Argus' head.

He had Io run away.

Hera [5] felt sorry for the

death of Argus.

So she turned him into a peacock.

The pattern of peacock's tail is said to

be what Argus' eyes were turned into.

Key Notes

1) have no choice but to+동사원형은 '~외에는 선택의 여지가 없다, 어쩔 수 없이 ~하다'라는 뜻의 숙어입니다. 같은 뜻의 구문으로 can't help but to+동사원형이 있습니다. I had no choice but to leave는 '나는 어쩔 수 없이 떠날 수밖에 없었다'라는 뜻이지요.

2) at least는 '적어도'라는 뜻의 숙어입니다. 본문에서는 적어도 두 개 이상은 뜨고 있다는 뜻으로 at least를 썼네요.

3) keep an eye on은 '지켜보다, 감시하다'라는 뜻으로 look after나 watch와 같은 의미입니다.

4) just in time은 '딱 시간에 맞게, 때마침'이라는 뜻의 숙어입니다. at a proper time의 의미겠네요.

5) feel sorry for는 '안쓰럽게 생각하다, 애처롭게 생각하다'라는 뜻으로 feel sympathy/pity for와 같은 의미입니다. 동정심을 나타낼 때 주로 쓰이지요.

1) Zeus _____ _____ _____ _____ _____ give the heifer to Hera.

제우스는 어쩔 수 없이 암소로 변한 이오를 헤라에게 주었어요.

2) Argos always had _____ _____ 2 eyes opened even when he was asleep.

아르고스는 잠을 잘 때도 두 개 이상의 눈은 항상 뜨고 있었어요.

3) That way, he could always _____ _____ _____ _____ her.

그래서 그는 언제나 그녀를 지켜볼 수 있었죠.

4) _____ _____ _____, Hermes, the god of messenger told Zeus that he would help him.

마침 전령의 신 헤르메스가 제우스를 도와 주겠다고 했어요.

5) Hera _____ _____ _____ the death of Argus.

헤라는 아르고스의 죽음을 안타까워했어요.

정답 1. had, no, choice, but, to   2. at, least   3. keep, an, eye, on   4. Just, in, time   5. felt, sorry, for

The kingdom of Athens lost in a war with the kingdom of Crete.

So the kingdom of Athens had to [1]offer a sacrifice to the kingdom of Crete.

In the kingdom of Crete, there lived a monster called Minotaur.

Minotaur was a half-man, [2]half-bull monster.

He lived in a very complex labyrinth.

Seven Athenian boys and seven Athenian girls had to be sent to this monster.

Theseus, the prince of Athens decided to

fight with Minotaur.

The king of Athens was worried.

"Son, the labyrinth where Minotaur is living, is very complex. [3)]Once you go in, you can never come out."

"Don't worry. I will defeat the monster."

Theseus went to Crete hiding himself between the boys and the girls.

A princess of Crete fell in love with Theseus.

The princess did not want him to die.

She secretly said to him, "I will tell you the way you can

 come out alive.

Please tie one end of the ball of string at the entrance of the labyrinth.

If you follow the string, you will [4]find your way out."

He tied one end of the ball of string as she told and entered into the labyrinth.

He fought bravely and defeated Minotaur.

He could find his way out of the labyrinth as the princess told him.

 Key Notes

1) offer는 '제안하다, 제공하다'라는 뜻의 동사입니다. offer+사람(~에게)+사물(~을)의 형태로 쓰거나 offer+사물+to+사람의 형태로 씁니다. 같은 뜻으로 쓰이는 동사로는 provide,

propose 등이 있습니다.

2) half-bull은 '반은 황소의'라는 뜻입니다. 황소라는 뜻의 단어로는 ox가 있고 암소는 cow라고 하지요.

3) once는 부사로 쓰여 '한번, 일단' 혹은 '(과거의)언젠가, 한때'라는 뜻으로 쓰입니다. 접속사로 쓰이면 '~할 때, ~하자마자'라는 뜻으로 when이나 as soon as와 같은 뜻이 됩니다.

4) find one's way out은 '~에서 나오다, 탈출하다'라는 뜻의 숙어로 '(문제 등을)해결하다'라는 뜻으로 쓰이기도 합니다.

Practice

1) So the kingdom of Athens had to _____ a sacrifice to the kingdom of Crete.

그래서 아테네 왕국은 크레타 왕국에 제물을 바쳐야 했죠.

2) Minotaur was a half-man, _____ monster.

미노타우로스는 반은 황소이고 반은 인간이었어요.

3) "_____ you go in, you can never come out."

"한번 들어가면 다시는 나올 수 없단다."

4) If you follow the string, you will _____ _____ _____ _____.

그 실을 따라오면 빠져나올 수 있어요.

정답 1. offer   2. half-bull   3. Once   4. find, your, way, out

It was the wedding day of Peleus and Thetis.

Every god except Eris, the goddess of discord, was invited.

Eris got furious after knowing this.

She threw a golden apple to the crowd.

 'For [1]the most beautiful one' was inscribed in the golden apple.

"Ah, this apple is for me!", Hera said.

"No way! This apple is mine."

Aphrodite, the goddess of beauty and Athena, the goddess of war also [2]came forward.

84

The three goddesses went to Paris, who was taking care of Zeus' flock of sheep, to decide who the golden apple [3] belonged to.

They all wanted to [4] gain favor with Paris.

Hera promised power and wealth, Athena the victory at war, Aphrodite the most beautiful wife.

Paris [5] sided with Aphrodite and he married

Helene, the queen of Sparta.

Paris went to Troy, his homeland, with Helene.

The king of Sparta got furious after he lost his queen.

He went to Troy to take her back.

It was the start of the Trojan War.

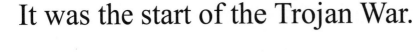

Key Notes

1) 형용사의 최상급을 표현하고 싶을 때, '가장 ~한'이라는 표현을 쓰고 싶을 때는 the most를 형용사 앞에 씁니다. the most beautiful 하면 '가장 아름다운'이 되겠지요. 그런데 여기서 알 아두어야 할 것은 2음절 이하의 짧은 형용사일 경우에는 the most를 붙이지 않고 형용사 자체에 (e)st를 붙이면 최상급이 된다는 것입니다. '가장 작은'은 smallest가 되겠지요. beautiful 은 3음절의 형용사입니다.

2) '앞으로 나오다, 나서다'라고 할 때는 come forward를 씁니다. forward는 '앞으로'라는 뜻의 부사입니다. 반대로 '뒤쪽으로, 거꾸로'라는 뜻의 부사로는 backward가 있습니다.

3) belong to는 '~에 속하다'라는 뜻입니다.

4) gain favor with는 '~의 환심을 사다, 지지를 얻다'라는 뜻의 숙어입니다. 동사 gain 대신 win을 쓰기도 합니다.

5) side with somebody는 '~의 편을 들다'라는 뜻의 숙어이며 같은 뜻으로 take somebody's side가 쓰이기도 합니다.

Practice

1) 'For _____ _____ _____ one' was inscribed in the golden apple.

그 사과에는 '가장 아름다운 신에게'라는 글자가 새겨져 있었어요.

2) Aphrodite, the goddess of beauty, and Athena, the goddess of war also

_____ _____.

미의 여신 아프로디테와 전쟁의 여신 아테나도 나섰어요.

3) The three goddesses went to Paris, who was taking care of Zeus' flock of sheep, to decide who the golden apple _____ _____.

세 여신은 제우스의 양떼를 돌보는 파리스에게 갔어요. 황금사과의 주인이 누구인지 가리기 위해서였죠.

4) They all wanted to _____ _____ _____ Paris.

그들은 모두 파리스에게 잘 보이고 싶었어요.

5) Paris _____ _____ Aphrodite.

파리스는 아프로디테의 편을 들었어요.

정답 1. the, most, beautiful   2. came, forward   3. belonged, to   4. gain, favor, with
5. sided, with

Iason was a prince.

He was [1]too young to rule over the country so his uncle did on his behalf.

[2]The time stole by and he grew up to be a man.

He was [3]on his way to claim his throne back from his uncle.

One day, it was when he [4]was about to cross a river.

An old lady spoke to him.

"Young man, I am afraid to cross

the river. Can you carry me on your back?"

Iason said yes.

However, she became heavier and heavier.

Iason tried not to lose his balance.

Doing that, his shoe was taken off and washed away.

In fact, the old lady was Hera. Hera [5] was not in good terms with Iason's uncle.

She was looking for someone who could [6] take vengeance on him.

She thought Iason was the one.

At last, they crossed the river but could not find the lost shoe.

Iason went to his uncle with only one shoe on.

His uncle was surprised to see him because there was a rumor that a man with one shoe on would be a new king.

His uncle thought of a ploy not to turn over the throne.

Key Notes

1) too+형용사+to+동사 구문은 '~하기에는 너무 ~하다, 너무 ~해서 ~못하다'라는 부정적인 의미의 구문입니다. '학교에 가기에는 너무 어리다'는 too young to go to school이 되겠지요.

2) '(시간이, 세월이)어느덧 지나가다'라는 뜻의 숙어로 the time steal by라는 표현이 있습니다. '시간이 화살처럼 지나갔다'라면 the time stole by like an arrow가 되겠지요.

3) on one's way to+장소는 '~가는 길에, ~도중에'라는 뜻의 숙어입니다. '내가 병원 가는 길에'는 on my way to the hospital이라고 쓰면 되겠죠.

4) be about to는 '막 ~하려는 순간이다, 막 ~하려고 하다'라는 뜻의 숙어입니다. be on the point of ~ing도 같은 뜻의 숙어입니다.

5) be in good terms with somebody는 '~와 사이가 좋다'라는 뜻의 숙어입니다. '~와 사

이가 나쁘다'는 부정문을 만들거나, be in bad terms with somebody를 쓰면 됩니다.

6) take vengeance on somebody는 '누군가에게 복수하다'라는 뜻으로, 동사 take 대신 inflict를 쓰기도 합니다.

Practice

1) He was _____ young _____ rule over the country so his uncle did on his behalf.

그는 나이가 너무 어려서 삼촌이 대신 나라를 다스리고 있었어요.

2) _____ _____ _____ _____ and he grew up to be a man.

어느덧 그가 자라서 성인이 되었습니다.

3) He was _____ _____ _____ to claim his throne back from his uncle.

그는 삼촌에게 왕위를 달라고 하기 위해 가던 참이었습니다.

4) One day, it was when he _____ _____ _____ cross a river.

어느 날, 그가 강을 건너려고 할 때였어요.

5) Hera was not _____ _____ _____ _____ Iason's uncle.

헤라는 이아손의 삼촌과 사이가 좋지 않았어요.

6) She was looking for someone who could _____ _____ _____ him.

그녀는 그에게 복수할 사람을 찾던 중이었죠.

정답 1. too, to   2. The, time, stole, by   3. on, his, way   4. was, about, to   5. in, good, terms, with   6. take, vengeance, on

"Son, I will [1]hand over the throne as I promised. But the king should be brave. Prove it."

Iason's uncle gave conditions.

Iason should bring the Golden Fleece.

It was in Colchis.

Iason made a big ship and named her Argo.

50 heroes including Hercules, Theseus and Orpheus were [2]on board.

They were called 'Argonauts'.

Argonauts had various adventures and

arrived at Colchis after [3]going through difficulties.

However, the king of Colchis did not give him the Golden Fleece.

"It is our national treasure. Take it if you can."

The Golden Fleece was [4]kept guard over by a scary dragon.

Medeia, the princess of Colchis fell in love with Iason.

She decided to help Iason with a magic potion.

Iason got to the dragon who was standing guard over the

Golden Fleece.

He sprinkled a few drops of the potion.

Then, the dragon fell asleep.

He could run away with the Golden Fleece in his hands.

Key Notes

1) hand over는 '건네주다, 넘겨주다'라는 뜻입니다. 한 단어로는 pass가 있겠네요.

2) '승선한, 탑승한'이라는 뜻의 숙어로 on board가 있으니 외워두세요. There were six people on board 하면 '6명이 탑승해 있었다'가 되겠지요.

3) go through는 '겪다, 경험하다'라는 뜻의 숙어입니다. go through difficulties 하면 '어려움을 겪다, 고초를 겪다'라는 뜻이 되지요. 본문에는 after라는 전치사가 왔으니 뒤에는 분사구문 형태로 go에 ing를 붙여야겠지요.

4) keep guard over something/somebody는 '~을 지키다, 보호하다'라는 뜻의 숙어입니다. 동사 keep 대신 stand를 쓰기도 합니다.

1) "Son, I will _____ _____ the throne as I promised."

"애야, 약속대로 왕위를 물려 주마."

2) 50 heroes including Hercules, Theseus and Orpheus were _____ _____.

배에는 헤라클레스, 테세우스, 오르페우스를 비롯한 50명의 영웅이 타고 있었어요.

3) Argonauts had various adventures and arrived at Colchis after _____ _____ difficulties.

아르고 원정대는 여러 모험을 겪었습니다. 그리고 천신만고 끝에 코르키스 섬에 도착했죠.

4) The Golden Fleece was _____ _____ _____ by a scary dragon.

황금양의 가죽은 무시무시한 용이 지키고 있었어요.

정답 1. hand, over   2. on, board   3. going, through   4. kept, guard, over

There lived a young woman named
Thisbe and a young man called Pyramus in
Babylonia.

They loved each other but their parents
opposed their marriage.

So they decided to run away.

They arranged to meet under a mulberry tree
on the hill.

At night, Thisbe arrived first.

Then, a lioness slowly [1] came up to her.

She had a bloody mouth looking like she

96

killed something.

Thisbe was so surprised that she [2]fled leaving behind her veil.

The lioness [3]tore it to pieces with her teeth and went back to the woods.

Pyramus just saw the lioness' appearance from behind.

He was surprised to see Thisbe's veil colored with blood.

"Ah, Thisbe! You were killed by the lioness. I can't live without you."

Pyramus [4]stabbed himself to the chest.

[5]Meanwhile, Thisbe who

had fled came back and saw him bleeding. Thisbe killed herself after a brief period of mourning.

The blood of Thisbe and Pyramus soaked through the soil.

The white mulberry tree and the mulberry, its fruit, became red.

Key Notes

1) come up to는 '~에게 다가오다'라는 뜻의 숙어로, 한 단어로는 approach가 있겠네요.

2) flee는 '피난하다, 도망가다'라는 뜻의 단어로 과거형은 fled임을 기억해두세요.

3) tear something to pieces는 '갈기갈기 찢다'라는 뜻의 숙어입니다. '편지를 발기발기 찢다'는 tear a letter to pieces라고 하는데, 이 때 pieces 대신 shreds를 쓰기도 합니다.

4) '가슴을 찌르다'라는 표현은 stab somebody to the chest라고 씁니다. '허리를 찌르다'는 stab somebody to the waist가 되겠지요.

5) meanwhile은 '그 동안에'라는 뜻의 부사이지만 '한편'이라는 의미로도 쓰입니다. 비슷한 뜻의 숙어로 in the meantime이 있습니다.

1) Then, a lioness slowly _____ _____ _____ her.

그 때 사자 한 마리가 그녀에게 어슬렁어슬렁 다가왔어요.

2) Thisbe was so surprised that she _____ leaving behind her veil.

티스베는 깜짝 놀라 도망쳤어요. 그 때 손수건을 떨어뜨리고 말았죠.

3) The lioness _____ it _____ _____ with her teeth and went back to the woods.

사자는 이빨로 손수건을 갈기갈기 찢어 버리고 숲 속으로 돌아갔어요.

4) Pyramus _____ _____ _____ _____ _____.

피라모스는 칼로 자신의 가슴을 찔렀어요.

5) _____, Thisbe who had fled came back and saw him bleeding.

한편 도망갔던 티스베가 다시 돌아왔고 피 흘리고 있는 그를 발견했죠.

정답 1. came, up, to   2. fled   3. tore, to, pieces   4. stabbed, himself, to, the, chest
5. Meanwhile

해석

1. 해바라기로 변한, 물의 요정 클리티에

물의 요정 클리티에는 아폴론을 사랑했어요. / 하지만 아폴론은 클리티에를 거들떠보지도 않았죠. / 클리티에는 상사병에 걸리고 말았어요. / 그녀는 잠도 안 자고 먹지도 않았어요. / 그러던 어느 날, 그녀의 다리가 땅에 붙어 버렸고, 점점 뿌리를 내렸어요. / 그녀의 얼굴은 노란 꽃으로 변해 버렸습니다. / 클리티에는 노란 꽃이 되어서도 오로지 아폴론만 지켜보았어요. / 클리티에가 변한 노란 꽃이 바로 해바라기예요.

2. 거미가 된 아라크네

아라크네는 옷감 짜는 솜씨가 훌륭했어요. / 사람들이 칭찬을 많이 하자 아라크네는 건방져졌어요. / "아라크네, 옷감을 정말 잘 짜네요. 아테나 여신에게 배웠나요?" / 아라크네는 기분나쁜 얼굴로 말했어요. / "아테나가 누구죠? 저는 누구한테도 배우지 않았어요. 만약 그 분이 옷감을 정말 잘 짠다면 내기를 하고 싶네요. 만약 내가 진다면 어떤 벌이라도 받겠어요." / 그 소리를 들은 아테나는 아라크네와 옷감 짜기 시합을 했어요. / 아라크네는 신들이 실수하는 그림이 들어간 옷감을 짰어요. / 그 모습을 본 신들은 화가 치밀었어요. / "못된 것! 끝까지 거만함을 버리지 않다니! 평생 실이나 짜거라!" / 아테나는 아라크네에게 소리를 질렀어요. / 그러자 아라크네는 거미가 되었답니다.

3. 이카로스의 꿈

이카로스는 하늘을 날고 있는 새를 바라보았어요. / "새처럼 날 수 있으면 얼마나 좋을까……." / 그 말을 듣고 아빠 다이달로스가 날개를 만들기 시작했어요. / 새의 깃털을 촛농으로 하나하나 붙였죠. / 며칠 뒤, 날개가 완성되었어요. / 날개를 달고 이카로스는 하늘을 날 수 있게 되었어요. / 어느 날, 이카로스는 아빠 몰래 날개를 어깨에 멨어요. / "구름 위로 높이 올라가 보자. 얼른 다녀오면 아빠도 모르실 거야." / 이카로스는 날개를 퍼덕이며 하늘로 날아올랐어요. / 그런데 자꾸자꾸 올라가다 보니 온 몸이 뜨거워졌어요. / 태양 가까이 왔기 때문이죠. / 햇볕에 날개의 촛농이 녹기 시작했어요. / 깃털이 하나둘 떨어지고, 이카로스는 바다 속으로 추락하고 말았어요.

4. 수수께끼를 푼 오이디푸스

스핑크스는 얼굴은 여자, 몸은 사자, 등에는 날개가 달린 괴물이에요. / 스핑크스는 테베 시 입구에서 지나가는 사람들에게 수수께끼를 냈어요. / 수수께끼를 못 풀면 잡아먹었죠. / 아직 스핑크스의 수수께끼를 푼 사람은 아무도 없었어요. / 여행을 하던 오이디푸스도 스핑크스를 만났어요. / 스핑크스가 물었어요. "아침에는 다리가 네

개, 낮에는 두 개, 저녁에는 세 개가 되는 것이 무엇이냐?" / 오이디푸스는 잠시 생각하다가 말했어요. / "그것은 인간이다. 인간은 어려서는 두 손과 두 무릎으로 기어다니고, 커서는 두 발로 서고, 늙어서는 지팡이를 짚고 다니기 때문이다." / 드디어 오이디푸스가 수수께끼를 풀었어요. / 그 후, 테베 시에 스핑크스가 나타나지 않았어요.

5. 아킬레우스의 약점

아킬레우스는 인간인 펠레우스 왕과 바다의 요정 테티스 사이에서 태어났어요. / 인간과 요정 사이에서 태어난 아이는 영원히 살 수 없었어요. / 테티스는 아들이 신처럼 영원히 살 수 있기를 바랐어요. / 그래서 아킬레우스가 태어나자마자 스틱스 강물에 담갔어요. / 스틱스 강물에 몸을 담그면 영원히 죽지 않게 되거든요. / 그런데 테티스는 아킬레우스의 발목을 잡고 강물에 담갔어요. / 그 바람에 발뒤꿈치가 강물에 닿지 않았어요. / 그래서 아킬레우스는 발뒤꿈치에 약점을 갖게 되었죠. / 아킬레우스는 케이론에게 많은 것을 배웠어요. / 음악과 의술, 검술도 잘하는 전사가 되었죠. / 그는 트로이 전쟁 때 많은 공을 세웠답니다. / 하지만 발뒤꿈치에 화살을 맞는 바람에 죽고 말았어요.

6. 유럽이라는 지명의 유래가 된 에우로페

페니키아라는 나라에 에우로페라는 공주가 살았어요. / 제우스는 에우로페를 보고 한눈에 반했답니다. / 제우스는 흰 소로 변해 에우로페에게 다가갔어요. / 에우로페는 흰 소를 쓰다듬었어요. / "정말 잘 생긴 소야. 한번 타 봐도 될까?" / 에우로페는 흰 소에 올라탔어요. / 그 순간, 흰 소가 달리기 시작했습니다. / 흰 소는 크레타 섬에 이르렀어요. 그리고 제우스로 변했죠. / 에우로페는 몹시 놀랐지만 제우스의 사랑을 받아들였어요. / 에우로페는 크레타 지역에 처음으로 발을 내디딘 사람이 되었어요. / 그래서 사람들은 그리스 땅을 포함한 이 대륙을 에우로페라고 불렀어요. / 에우로페를 영어로 발음하면 '유럽'이랍니다.

7. 별자리가 된 엄마와 아들

칼리스토는 헤라의 질투 때문에 곰이 되었어요. / 어쩔 수 없이 칼리스토는 깊은 숲 속에 들어가 살아야 했습니다. / 어느 날, 칼리스토는 한 청년과 맞닥뜨렸어요. / 청년은 다름아닌 칼리스토의 아들이었죠. / "오, 내 아들아!" / 칼리스토는 너무 반가워서 아들을 껴안으려 했어요. / 하지만 곰이 된 엄마를 알 리 없던 청년은 그녀를 칼로 찌르려고 했어요. / 마침 그 광경을 제우스가 보고 있었답니다. / 제우스는 두 사람의 행동을 멈추게 했어요. / 그리고 그들을 하늘의 별들 사이에 데려다 놓았어요. / 그 별자리가 바로 '큰곰자리'와 '작은곰자리'랍니다.

8. 아테네라는 지명의 유래가 된 아테나

아테나는 신전을 짓기 위해 그리스의 한 곳을 선택했어요. / 그런데 포세이돈도 그 곳을 원했죠. / 아테나는 그 곳에 살고 있는 사람들에게 물어보자고 제안했어요. / 포세이돈도 흔쾌히 동의했죠. / 포세이돈은 삼지창으로 땅바닥을 두드렸어요. / "나는 너희에게 샘물을 선물하겠다." / 그러자 맑은 샘물이 솟아났죠. / 아테나는 올리브 한 그루를 심었어요. / "여러분은 이 올리브나무의 열매를 먹을 수 있고, 기름을 만들 수도 있으며, 약으로도 쓸 수 있어요." / 사람들은 샘물보다는 올리브나무가 더 필요하다고 생각했어요. / 사람들은 아테나의 손을 들어 주었죠. / 그 곳이 바로 그리스의 수도 아테네예요.

9. 농부를 저주한 레토

레토는 헤라의 질투 때문에 늘 쫓겨다녔어요. / 이곳 저곳을 떠돌던 레토는 맑은 샘을 발견했어요. / 샘 주위에는 농부들이 모여 있었어요. / 목이 말랐던 레토는 물을 마시려고 했어요. / 그러자 농부들이 방해했습니다. / "저리 가지 못해! 이건 우리 샘이야." / 그러면서 농부들은 흙탕물을 일으켰어요. / 레토는 너무 화가 났습니다. / "너희 들은 평생 이 곳에서 살게 될 것이야!" / 그러자 농부들의 모습이 변하기 시작했어요. / 몸이 오그라들고, 목소리 는 거칠어지고, 진흙 연못에서만 살게 되었죠. / 농부들은 바로 개구리로 변한 거예요.

10. 인간에게 불을 선물한 프로메테우스

프로메테우스와 에피메테우스라는 형제가 살고 있었어요. / 두 형제는 사람과 동물을 만드는 일을 했죠. / 동물 은 네 발로, 인간은 신처럼 두 발로 걷게 만들었어요. / "인간에게 특별한 선물을 주고 싶어." / 형제는 고민 끝에 인간에게 불을 주기로 했어요. / 하지만 제우스가 반대했어요. / "인간에게 불을 주면 안 된다. 불을 갖게 되면 인 간은 신을 우습게 여길 것이다." / 하지만 프로메테우스는 제우스 몰래 인간에게 불을 가져다 주었죠. / 그 사실 을 안 제우스는 화가 머리 끝까지 났습니다. / "괘씸한 놈! 인간에게 불을 주지 말라고 그렇게 일렀거늘!" / 제우 스는 프로메테우스에게 벌을 내렸어요. / 프로메테우스를 높은 산꼭대기의 큰 바위에 쇠사슬로 묶었습니다. / 그 리고 커다란 독수리에게 프로메테우스의 간을 쪼아먹게 했죠. / 프로메테우스는 너무 고통스러워 비명을 질렀어 요. / 그런데 그 이튿날, 프로메테우스에게 새로운 간이 생겼습니다. / 또다시 독수리가 와서 쪼아먹었어요. / 프 로메테우스는 또다시 고통으로 몸부림쳐야 했습니다. / 그렇게 프로메테우스의 고통은 끊이지 않았습니다. / 나 중에 헤라클레스라는 영웅이 나타나 독수리를 죽인 후에야 그 고통에서 벗어날 수 있었어요.

11. 자신을 사랑한 나르시스

나르시스는 잘 생긴 소년이었어요. / 그래서 숲 속의 모든 요정이 나르시스를 좋아했죠. / 에코도 나르시스를 좋 아했어요. / 하지만 나르시스는 에코의 사랑을 받아 주지 않았어요. / 에코는 화가 나서 복수의 여신에게 기도했 죠. / "여신이여, 나르시스에게 사랑하는 마음을 주시고 사랑을 거절당하는 아픔도 주세요." / 얼마 후, 나르시스 는 연못가를 지나가고 있었어요. / 그 때 물 위에 비친 어떤 얼굴을 보게 되었죠. / "아, 정말 잘 생긴 얼굴이다.

너무 아름다워!" / 나르시스는 연못에 비친 얼굴을 보고 사랑에 빠졌어요. / 나르시스는 사랑을 고백했어요. / 하지만 대답이 없었어요. / 나르시스는 물 속의 얼굴을 어루만지려고 했어요. / 그러자 얼굴이 사라져 버렸어요. / 물결이 잔잔해지자 다시 얼굴이 나타났어요. / "나는 네가 좋아. 왜 내 사랑을 받아 주지 않니?" 나르시스는 아예 연못가를 떠나지 않았어요. / 결국 나르시스는 이루어지지 않는 사랑 때문에 연못에 빠져죽고 말았어요. / 나르시스가 빠진 연못가에 하얀 꽃이 피어났어요. / 바로 수선화랍니다.

12. 월계수로 변한 다프네

사랑의 신 에로스에게는 두 개의 화살이 있었어요. / 금으로 된 화살을 맞으면 사랑에 빠지고, 납으로 된 화살을 맞으면 미움에 빠지게 되지요. / 어느 날, 태양의 신 아폴론이 에로스를 놀렸어요. / "야, 꼬마야. 활과 화살은 어른을 위한 거야. 너 같은 꼬마한테는 장난감이 더 어울려." / 에로스는 화가 났어요. / 그래서 아폴론에게 금으로 된 화살을 쏘았죠. / 그리고 다프네 요정에게는 납으로 된 화살을 쏘았어요. / 다프네를 본 아폴론은 사랑에 빠지고 말았어요. / "다프네, 당신을 사랑하오." / 하지만 다프네는 아폴론을 미워했죠. / "나는 당신이 싫어요. 그만 가세요." / 하지만 아폴론은 계속 사랑을 고백했어요. / 참다못한 다프네는 아폴론을 피해 도망갔어요. / 아폴론은 계속 다프네를 쫓아다녔어요. / 다프네는 강물의 신인 아버지에게 외쳤어요. / "아버지, 저는 아폴론이 싫어요. 저를 다른 모습으로 만들어 주세요." / 그러자 다프네는 나무로 변했어요. / 그 나무가 바로 월계수랍니다.

13. 저승에 간 오르페우스

오르페우스와 에우리디케는 부부입니다. / 어느 날, 에우리디케가 뱀에 물려 죽고 말았어요. / 오르페우스는 몹시 슬펐어요. / "오, 여보. 당신을 이렇게 보낼 수는 없소." / 오르페우스는 아내를 살리기 위해 저승으로 갔어요. / 저승의 신은 오르페우스의 사랑에 감동했죠. / 그래서 에우리디케를 살려 주기로 했어요. / "네가 지상으로 가면 에우리디케가 따라갈 것이다. 단, 지상에 도착할 때까지 절대 뒤를 돌아봐서는 안 된다. 만약 뒤를 돌아보면 네 아내는 다시 저승으로 돌아와야 한다." / 그 말을 듣고 오르페우스는 저승을 떠나 지상을 향해 걸었어요. / 그런데 뒤따라오는 아내의 발소리가 들리지 않았어요. / '에우리디케가 잘 따라오고 있나? 뒤돌아보고 싶어.' / 하지만 저승의 신의 말이 떠올라 꾹 참았어요. / 드디어 지상의 햇빛이 보였어요. / "아, 이제 다 왔어!" / 오르페우스는 안심했어요. / 그러나 그 때까지도 에우리디케의 발소리는 들리지 않았죠. / 오르페우스는 그만 참지 못하고 뒤를 돌아보았어요. / 순간, 비명 소리와 함께 에우리디케는 동굴 속으로 사라지고 말았어요. / 오르페우스는 후회했지만 소용없었어요. / 신과의 약속을 지키지 못한 것이니까요.

14. 사계절이 생긴 이야기

땅의 여신 데메테르가 딸 페르세포네를 잃어버렸어요. / 데메테르는 온 세상을 다 뒤졌지만 딸을 찾을 수 없었죠. / 슬픔에 빠진 데메테르는 울기만 했어요. / 땅의 여신 데메테르가 땅을 돌보지 않자, 온 세상에 가뭄이 들거나 큰 홍수가 나기도 했어요. / 어느 날, 데메테르는 하데스가 딸을 저승으로 납치한 사실을 알게 됐어요. / 데메테르는 제우스에게 도와 달라고 했죠. / "만약 네 딸이 저승의 음식을 먹지 않았다면 돌아올 수 있을 것이다." / 다행히 페르세포네는 그 때까지 저승의 음식을 먹지 않았어요. / 페르세포네가 지상으로 떠나는 마차를 타자, 하데스가 석류 네 알을 주었어요. / "페르세포네, 그 동안 아무것도 먹지 않았으니 배가 고플 것이오. 먼 길을 가기 전에 먹도록 하오." / 페르세포네는 하데스가 건네 준 석류 네 알을 먹었습니다. 그리고 지상으로 돌아왔어요. / 그런데 석류 네 알을 먹은 것이 화근이었어요. / "저승의 음식을 먹었으니 저승에 머물러야 한다. 하지만 데메테르가 큰 슬픔에 빠지게 될 텐데……." / 제우스는 고민에 빠졌어요. / 그리고 어렵게 결정을 내렸죠. / "석류 네 알을 먹었으니, 일 년 중 넉 달만 저승에 있도록 하라." / 그 후 페르세포네는 일 년 중 넉 달을 저승에서 살게 되었어요. / 페르세포네가 저승에 있는 동안 데메테르는 땅을 돌보지 않았고, 그 때마다 땅은 꽁꽁 얼고 찬바람이 불었어요. / 그러다 딸이 돌아오면 다시 땅을 돌보기 시작하면서 사계절이 생기게 되었답니다.

15. 메두사의 목을 벤 페르세우스

페르세우스는 다나에와 제우스의 아들이었어요. / 그런데 세리포스 섬의 왕이 그에게 불가능한 일을 시켰어요. / 왕은 다나에와 결혼하고 싶었어요. / 하지만 페르세우스가 반대했어요. / 왕은 페르세우스가 사라져 버리길 바랐습니다. / "페르세우스야, 가서 메두사의 머리를 가져와라." / 메두사는 원래 아름다운 처녀였습니다. / 그런데 잘난 체를 하여 아테나가 흉한 괴물로 만들어 버렸죠. / 또한 메두사와 눈이 마주치면 그 누구라도 돌로 변하게 만들었어요. / 페르세우스는 왕의 명령에 따라 메두사를 찾아나섰습니다. / 아테나는 그에게 방패와 가죽자루를 주었어요. / 헤르메스는 구두와 칼을 주었고, 하데스는 쓰면 모습이 보이지 않는 마법투구를 주었어요. / 페르세우스는 구두를 신고 메두사가 있는 곳으로 날아갔어요. / 그는 방패로 메두사의 얼굴을 비추어 보았습니다. 메두사를 직접 보지 않기 위해서였어요. / 페르세우스는 살금살금 다가가 날카로운 칼로 메두사의 목을 베어 재빨리 자루에 담았죠. / 그런데 메두사의 두 자매가 페르세우스를 쫓아왔어요. / 페르세우스는 하데스가 선물한 마법투구를 썼어요. / 그렇게 페르세우스는 무사히 도망칠 수 있었답니다.

16. 절름발이가 된 벨레로폰

아르고스 왕국의 왕비가 벨레로폰을 모함했어요. 벨레로폰이 왕비의 사랑을 거절했거든요. / 그런 사실을 모르는 아르고스의 왕은 크게 화가 났죠. / 그래서 편지 한 장과 함께 벨레로폰을 리키아의 왕 이오바테스에게 보냈어요. / 편지에는, '이 편지를 가지고 가는 자를 죽이시오.'라고 쓰여 있었어요. / 이오바테스는 망설였어요. 벨레로폰을 죽일 이유가 없었으니까요. / 그렇다고 아르고스 왕의 말을 거역할 수도 없었죠. / 그래서 잠시 생각에 잠겼다가 말했어요. "키마이라를 죽이고 와라." / 키마이라는 불을 뿜는 무서운 괴물이었어요. / 머리는 사자, 몸통은 염소, 꼬리는 뱀인 괴물이었죠. / 이오바테스는 벨레로폰이 키마이라를 상대할 수 없을 거라 생각했어요. / 하지만 벨레로폰은 페가수스의 도움으로 키마이라를 물리쳤어요. / 그는 이오바테스의 딸과 결혼도 했어요. / 모든 것을 갖게 된 벨레로폰은 오만해졌어요. / 페가수스를 타고 신들과 경쟁하겠다고 말했죠. / 그러자 제우스는 페가수스에서 벨레로폰을 떨어뜨렸어요. / 그 후, 벨레로폰은 평생 절름발이로 살아야 했답니다.

17. 아틀라스를 속인 헤라클레스

헤라클레스는 헤라의 계략으로 인해 자기 아들을 죽이고 말았어요. / 헤라클레스는 신들에게 자신의 죄를 빌었어요. / 그래서 12가지 과업을 받게 되었죠. / 그 중 하나가 헤스페리데스의 황금사과를 가져오는 것이었어요. / 헤라클레스는 황금사과를 찾아 아프리카의 아틀라스에게 갔어요. / '아틀라스는 황금사과가 어디에 있는지 알 거야.' / 아틀라스는 헤스페리데스 딸들의 삼촌이었어요. / 그런데 아틀라스는 양 어깨에 무거운 하늘을 짊어지고 있었어요. / "아틀라스, 내가 대신 짊어지고 있을 테니 황금사과를 따다 주시오." / 아틀라스는 그렇게 하기로 약속했죠. / 이튿날, 아틀라스가 황금사과를 가지고 왔어요. / "헤라클레스여, 하늘을 짊어지지 않으니 아주 편하더군. 이 사과는 내가 가져다 주겠네." / 헤라클레스는 '아차!' 했어요. 하지만 한 가지 꾀를 생각해냈죠. / "당신 좋을 대로 하시오. 그런데 나는 하늘을 잠깐만 짊어지고 있을 생각이었소. 그래서 하늘을 제대로 올려놓지 않아 어깨가 아프네요. 혹시 어깨가 아프지 않게 하늘을 짊어지는 요령이라도 있소?" / 그러자 아틀라스가 황금사과를 땅에 내려놓으며 말했어요. / "이리 줘 보게. 이렇게 어깨에 놓으면 되네." / 아틀라스는 다시 하늘을 짊어졌어요. / 그 틈에 헤라클레스는 황금사과를 들고 돌아왔답니다.

18. 파에톤과 태양마차

파에톤은 헬리오스의 아들이었어요. / 헬리오스는 아폴론과 같은 태양신이었지요. / 어느 날, 아이들이 파에톤에게 거짓말쟁이라고 했어요. / "네 아버지가 태양신이라는 증거를 대 봐." / 그래서 파에톤은 아버지를 찾아갔죠. / "아버지, 태양마차를 하루만 빌려 주세요. 날개 달린 말들이 끄는 마차 말예요." / 헬리오스는 처음에는 거절했어요. / 하지만 아들이 너무 간곡하게 부탁하자 결국 허락하고 말았죠. / "아들아, 아무리 무서워도 절대 마차의 고삐를 놓아서는 안 된다. 그리고 정해진 길로만 다녀야 해." / 파에톤은 잔뜩 들떠서 태양마차에 올랐어요. / "야호, 신난다. 봐라, 나는 태양신의 아들이다!" / 파에톤은 신이 나서 채찍질을 했어요. / 그러자 말들이 날뛰기 시작했어요. / 태양마차는 하늘을 휘젓고 다녔어요. / 하늘의 별들이 무서워 도망쳤어요. / 태양마차 때문에 땅에서도 난리가 났어요. / 눈이 녹고, 불이 나고, 곡식들이 타 버렸어요. / 보다 못한 제우스가 태양마차를 향해 벼락을 던졌어요. / 결국 태양마차는 산산조각이 나서 땅으로 떨어지고 말았답니다.

19. 시시포스의 형벌

시시포스는 매우 영리했어요. / 어느 날, 시시포스는 죽음의 신을 가두어 버렸어요. / 그러자 죽는 사람이 아무도 없었죠. / 화가 난 제우스는 전쟁의 신 아레스에게 죽음의 신을 구출하라고 했어요. / 그리고 시시포스를 저승으로 데려가라고 했죠. / 그 사실을 알게 된 시시포스가 아내에게 말했어요. / "조금 있으면 아레스가 날 찾아올 거예요. 그러면 나는 죽게 되겠지. 아레스가 나의 영혼을 가져가도 절대로 장례를 치르지 말아요." / 드디어 아레스가 시시포스를 찾아왔어요. / 시시포스는 저승으로 가고 아내는 남편 말대로 했죠. / 시시포스는 저승의 신에게 말했어요. / "내가 죽었는데도 아내가 장례를 치르지 않고 있습니다." / 모든 것이 시시포스의 꾀였어요. / 하지만 저승의 신은 시시포스를 안쓰럽게 생각했죠. / 그래서 지상으로 돌아가 장례를 치르고 오라고 했어요. / 시시포스는 반드시 돌아오겠다고 약속했어요. / 그러나 지상으로 돌아온 시시포스는 다시 저승으로 가지 않았어요. / 제우스는 불같이 화를 냈죠. / 그래서 시시포스를 다시 저승으로 불러들였어요. / 그리고 신을 속인 죄로 커다란 돌을 굴리는 형벌을 내렸어요. 그것도 가파른 언덕에서요. / 시시포스가 언덕 위로 돌을 굴려놓으면 돌은 다시 굴러내려갔어요. / 그렇게 시시포스는 영원토록 돌을 굴리는 형벌을 받게 되었답니다.

20. 공작새로 변한 아르고스

제우스는 이오와 몰래 사랑하는 사이였어요. / 아내인 헤라에게 들키지 않으려고 이오를 암소로 변하게 했죠. / 하지만 헤라는 암소의 정체를 알고 있었어요. / 그러면서도 모르는 척하며 물었죠. / "제우스, 저 암소가 정말 마음에 들어. 제가 키우고 싶어요." / 제우스는 어쩔 수 없이 암소로 변한 이오를 헤라에게 주었어요. / 헤라는 눈이 100개 달린 아르고스에게 이오의 감시를 맡겼어요. / 아르고스는 잠을 잘 때도 2개 이상의 눈은 항상 뜨고 있었어요. / 그래서 언제나 이오를 지켜볼 수 있었죠. / '어떻게 해야 이오를 도망가게 할 수 있을까?' / 마침 전령의 신 헤르메스가 제우스를 도와 주겠다고 했어요. / 헤르메스는 목동으로 변신해 아르고스에게 갔어요. / 아르고스와 이야기를 나누기도 하고 피리를 연주하기도 했죠. / 아르고스는 피리 소리에 그만 모든 눈을 감고 말았어요. / 헤르메스는 그 틈을 놓치지 않고 아르고스의 목을 베었어요. / 그리고 이오를 도망치게 했죠. / 헤라는 아르고스의 죽음을 안타까워했어요. / 그래서 아르고스를 공작으로 만들어 주었답니다. / 공작 날개의 무늬는 바로 아르고스의 눈이 변한 것이라고 해요.

21. 미궁을 탈출한 테세우스

아테네 왕국은 크레타 왕국과의 전쟁에서 지고 말았어요. / 그래서 크레타 왕국에 제물을 바쳐야 했죠. / 크레타 왕국에는 미노타우로스라는 괴물이 살고 있었어요. / 미노타우로스는 반은 황소이고 반은 인간이었어요. / 그리고 아주 복잡한 미궁 속에서 살았습니다. / 이 괴물에게 아테네의 소년과 소녀를 일곱 명씩 바쳐야 했어요. / 아테네의 왕자 테세우스는 미노타우로스를 물리치기로 마음먹었어요. / 아테네의 왕은 걱정이 되었죠. / "아들아,

미노타우로스가 사는 미궁은 아주아주 복잡하단다. 한번 들어가면 다시는 나올 수 없단다." / "걱정 마세요. 제가 괴물을 물리치고 돌아오겠어요." / 테세우스는 소년소녀들 사이에 숨어 크레타 왕국으로 갔어요. / 그런데 크레타 왕국의 공주가 테세우스를 보고 한눈에 반하고 말았어요. / 공주는 테세우스가 죽지 않기를 바랐죠. / 그래서 테세우스에게 몰래 말했어요. / "살아서 돌아올 수 있는 방법을 알려 드릴게요. 미궁 입구에 실을 묶어 두세요. 그 실을 따라오면 미궁에서 빠져나올 수 있어요." / 테세우스는 공주의 말대로 입구에 실을 묶고 미궁으로 들어 갔죠. / 테세우스는 용감하게 미노타우로스와 싸워 이겼어요. / 그리고 공주가 알려 준 방법대로 미궁을 빠져나 왔답니다.

22. 트로이 전쟁

펠레우스와 테티스의 결혼식 때였어요. / 불화의 여신 에리스를 제외한 모든 신들이 초대받았죠. / 그 사실을 안 에리스는 몹시 화가 났어요. / 그래서 손님들이 모여 있는 곳에 황금사과 하나를 던졌습니다. / 그 사과에는 '가장 아름다운 신에게'라는 글자가 새겨져 있었어요. / "아, 이 사과는 나를 위한 거네!" 하고 헤라가 말했어요. / "무슨 소리! 이 사과의 임자는 바로 나예요." 미의 여신 아프로디테와 전쟁의 여신 아테나도 나섰어요. / 결국 세 여신은 제우스의 양떼를 돌보는 파리스에게 갔어요. 황금사과의 주인이 누구인지 가리기 위해서였죠. / 세 여신은 파리스에게 잘 보이고 싶었어요. / 헤라는 권력과 부를, 아테나는 전쟁에서의 영광을, 아프로디테는 가장 아름다운 여인을 아내로 맞이하게 해 주겠다고 약속했죠. / 파리스는 아프로디테의 편을 들었고 덕분에 스파르타의 왕비 헬레네를 아내로 맞이하게 되었죠. / 파리스는 헬레네와 함께 고향 트로이로 갔어요. / 왕비를 빼앗긴 스파르타의 왕은 화가 머리 끝까지 났어요. / 그는 왕비 헬레네를 되찾기 위해 트로이로 향했어요. / 바로 '트로이 전쟁'의 시작이랍니다.

23. 이아손의 모험(1)

이아손은 왕자였어요. / 그는 나이가 어려서 삼촌이 대신 나라를 다스리고 있었죠. / 어느덧 이아손이 자라 성인이 되었습니다. / 그가 삼촌에게 왕위를 달라고 하기 위해 가던 참이었습니다. / 어느 날, 이아손이 강을 건너려고 할 때였어요. / 어떤 할머니가 이아손에게 말을 걸었습니다. / "젊은이, 강을 건너려니 무섭네. 나 좀 업어서 건네 줄 수 있겠나?" / 이아손은 알았다고 했어요. / 그런데 할머니가 점점 무거워지는 거예요. / 이아손은 중심을 잃지 않으려고 애썼죠. / 그러다가 그만 신발 한 짝이 벗겨져 강물에 떠내려가고 말았어요. / 사실 할머니는 헤라였어요. / 헤라는 이아손의 삼촌과 사이가 좋지 않았어요. / 그래서 삼촌에게 복수할 사람을 찾던 중이었죠. / 마침 이아손이 적임자라고 생각한 거예요. / 마침내 강을 다 건넜어요. 하지만 잃어버린 신발 한 짝은 찾지 못했어요. / 이아손은 신발 한 짝만 신은 채 삼촌에게 갔어요. / 이아손을 본 삼촌은 깜짝 놀랐어요. 왜냐하면 '신발을 한 짝만 신은 남자가 새로운 왕이 된다'는 소문이 나돌고 있었기 때문이죠. / 삼촌은 왕위를 물려 주지 않기 위해 꾀를 냈답니다.

24. 이아손의 모험(2)

"얘야, 약속대로 왕위를 물려 주마. 그런데 왕은 용맹스러워야 한단다. 그걸 증명해 보렴." / 이아손의 삼촌이 조건을 내걸었어요. / 바로 '황금양의 가죽'을 가져오는 것이었죠. / 황금양의 가죽은 코르키스에 있었어요. / 이아손은 커다란 배를 만들고 '아르고'라는 이름을 붙였습니다. / 배에는 헤라클레스, 테세우스, 오르페우스를 비롯한 50명의 영웅이 타고 있었어요. / 이들을 '아르고 원정대'라고 불렀지요. / 아르고 원정대는 여러 모험을 겪었습니다. 그리고 천신만고 끝에 코르키스에 도착했죠. / 하지만 코르키스의 왕은 황금양의 가죽을 내 주지 않았어요. / "황금양의 가죽은 우리나라의 보물이오. 어디, 가져갈 수 있으면 가져가 보시오." 황금양의 가죽은 무시무시한 용이 지키고 있었어요. / 그런데 코르키스의 공주 메데이아가 이아손과 사랑에 빠지고 말았어요. / 메데이아는 마법의 약으로 이아손을 도와 주기로 했죠. / 이아손은 황금양의 가죽을 지키는 용에게 갔어요. / 이아손은 마법의 약을 몇 방울 뿌렸어요. / 그러자 용이 잠들었죠. / 이아손은 황금양의 가죽을 손에 넣고 재빨리 도망칠 수 있었어요.

25. 이루지 못한 사랑으로 물든 뽕나무

바빌로니아에 티스베라는 처녀와 피라모스라는 청년이 살고 있었어요. / 두 사람은 서로 사랑했지만, 부모님들이 그들의 결혼을 반대했어요. / 그래서 둘은 몰래 도망치기로 했답니다. / 두 사람은 언덕 위 뽕나무 밑에서 만나기로 했어요. / 밤이 되자 티스베가 먼저 도착했어요. / 그 때 사자 한 마리가 어슬렁어슬렁 그녀에게 다가왔어요. / 먹이를 먹고 오는 길인지 입가에는 피가 묻어 있었어요. / 티스베는 깜짝 놀라 도망쳤어요. 그 때 손수건을 떨어뜨리고 말았죠. / 사자는 이빨로 손수건을 갈기갈기 찢어 버리고 숲 속으로 돌아갔어요. / 그 때 마침 피라모스가 사자의 뒷모습을 보았어요. / 그리고 피 묻은 티스베의 손수건 조각을 보고 깜짝 놀랐어요. / "아, 티스베! 사자에게 죽다니. 나는 당신 없이 살 수 없소." / 피라모스는 칼로 자신의 가슴을 찔렀어요. / 한편 도망갔던 티스베가 다시 돌아왔고 피를 흘리고 있는 피라모스를 발견했죠. / 티스베도 몹시 슬퍼하며 스스로 목숨을 끊었어요. / 피라모스와 티스베의 피가 땅 속으로 스며들었어요. / 그 후 하얗던 뽕나무와 그 열매인 오디가 붉어졌어요.

아무리 강조해도 지나침이 없는 영어학습, 어떻게 할까요?

우리에게 영어는 더 이상 외국어라고 할 수 없습니다. 그런데 반드시 해야 한다는 생각에 너무 어려서부터, 때로는 너무 강압적으로 공부해서 영어에 질려 버리는 경우가 많습니다. 높은 점수를 받아야 하는 공부라고만 생각하면 영어는 절대 재미있지도 않고 실력도 늘지 않습니다. 영어를 재미있게 공부할 수 있는 방법은 많습니다. 이 책에서 소개하는, 어린이들에게 낯익은 이야기들을 영어로 읽고 듣는 방법도 그 중 하나입니다. 이야기가 생소하지 않으니 흥미도 잃지 않고, 간단하고 짧은 이야기이니 지루하지도 않습니다. 꼼꼼하게 다 읽을 필요는 없습니다. 다만 꾸준히 읽었으면 하는 바람입니다. 자꾸 반복해서 읽다 보면 자신도 모르게 단어가 외워지고 문장과 멋진 표현을 익히게 될 것입니다. CD도 잘 활용하기 바랍니다. 읽는 것과 말하는 것에는 큰 차이가 있습니다. 원어민이 녹음한 CD를 들으면 원어민 같은 멋진 발음도 익힐 수 있고, 노래 가사 외우듯 이야기가 저절로 외워질 것입니다.

지은이 Elly Kim

통문장
영어워크북 1
그리스로마신화 편

초판 1쇄 인쇄 | 2015년 8월 10일
초판 1쇄 발행 | 2015년 8월 15일

지은이 | Elly Kim

펴낸이 | 남주현
펴낸곳 | 채운북스(자매사 채운어린이)
주소 | 서울시 마포구 서강로9길 48 3층(우 121-880)
전화 | 02-3141-4711
팩스 | 02-3143-4711
전자우편 | chaeun1999@nate.com
종이 | 세종페이퍼
인쇄 | (주)꽃피는청춘

ISBN 978-89-94608-56-3 63740
＊잘못된 책은 구입하신 서점에서 바꾸어 드립니다.